罗从彦

（1072—1135）

“福建历史文化名人丛书”编委会

福建历史文化名人丛书
福建省社会科学界联合会 编

罗从彦

承前启后的闽学大儒

罗榕华　罗　辉　编著

海峡出版发行集团 THE STRAITS PUBLISHING & DISTRIBUTING GROUP | 福建人民出版社 FUJIAN PEOPLE'S PUBLISHING HOUSE

图书在版编目（CIP）数据

罗从彦：承前启后的闽学大儒 / 罗榕华，罗辉编著. --福州：福建人民出版社，2017.9（2020.11重印）

（福建历史文化名人丛书）

ISBN 978-7-211-07788-5

Ⅰ. ①罗… Ⅱ. ①罗… ②罗… Ⅲ. ①罗从彦（1072—1135）—生平事迹 Ⅳ. ①B244.7

中国版本图书馆CIP数据核字（2017）第225573号

罗从彦

LUOCONGYAN

——承前启后的闽学大儒

作　　者：罗榕华　罗　辉

责任编辑：陈　宽

出版发行：福建人民出版社　　**电　　话**：0591-87533169(发行部)

网　　址：http://www.fjpph.com　　**电子邮箱**：fjpph7211@126.com

地　　址：福州市东水路76号　　**邮　　编**：350001

经　　销：福建新华发行（集团）有限责任公司

印　　刷：福建省金盾彩色印刷有限公司

地　　址：福州市金山浦上工业区D区24幢

开　　本：700毫米×1000毫米　1/16

印　　张：6.50

字　　数：71千字

版　　次：2017年9月第1版　　2020年11月第2次印刷

书　　号：ISBN 978-7-211-07788-5

定　　价：25.00元

总 序

李 红

社会科学承载着“认识世界、传承文明、创新理论、咨政育人、服务社会”的重要功能，是人类赖以传承的精神支柱。近年来，福建省各级各部门认真贯彻《福建省社会科学普及条例》，社会科学普及工作扎实开展、稳步推进，通过举办全省社科普及宣传周、建立社科普及基地、开办社科普及讲坛等社科普及咨询平台载体，其制度化、常态化、大众化工作取得了明显成效。

习近平总书记指出，文化是民族生存和发展的重要力量，中华优秀传统文化已经成为中华民族的基因，植根在中国人内心，潜移默化地影响着中国人的思维方式和行为方式。福建文化是中华文化中极富特色的一部分，深度融入了中国文化的进程，展现出突破陈规、积极进取、兼容并包、锐意创新的胸襟和气魄。向大众传播福建优秀的历史文化知识，是福建省社科普及工作的重要内容。以接福建地气、讲福建故事、塑福建形象、续福建文脉的姿态编辑出版的“福建历史文化名人丛书”，既较为全面地展示了福建文化深厚的历史底蕴和丰富的人文精神，也为福建当下的社会文化建设提供了有益的资鉴。“福建历史文化名人丛书”所包含的朱熹、林则徐、严复、陈嘉庚等人物传记，记录了福建文化之于中国历史的影响，同时也以人物史的叙述方式生动地展现出中国人文精神的风骨和传统文化的传承。

今天，我们提倡和弘扬社会主义核心价值观，必须从中华优秀传统文化中汲取丰富营养，否则就会缺乏生命力和影响力。“福建历史文化名人丛书”记录了福建历史文化人物的价值观践行轨迹，重温了这批福建历史文化乃至中国历史文化史上重要人物的生命历程，以浅显晓畅、通俗易懂的叙述方式讲述了中华优秀传统文化传承的当代意义，开辟了社会科学知识进入千家万户的新路子。

“最忆市桥灯火静，巷南巷北读书声。”一套好的社会科学普及丛书，总是能带动起读书的风气。将学习作为一种追求、爱好和健康的生活方式，也是“福建历史文化名人丛书”所期望实现的目标。在文字中领略福建地域文化魅力，在阅读中传承传统文化养分，在感悟中提升人文道德情操，社会科学普及丛书的出版，可谓正当其时。

（作者系福建省人民政府原副省长，福建省政协原副主席）

目　录

豫章道風

第一章

豫章世裔　瀫田走洛

罗从彦出生于一个重视教育的耕读之家，从小聪颖好学，又师从数位名师，逐渐积累了丰富的知识。

豫章世裔

罗姓为中国古代最早的姓氏之一，系出黄帝，为祝融氏之后。罗姓源于妘姓，春秋时简去邑旁部分为云氏。西周时封藩屏国，颛顼帝之孙祝融氏有后裔名郐者，被封宜城，称为罗子国。周武王三年，因镇宜城有功，封宜城侯。此处在罗水之阳，故国号为罗。公元前690年，罗子国为楚所灭，原地被另置鄢国，失去家园的祝融氏子孙只好向南寻觅安身立命之所，最初迁居到湖北枝江，东周末年又南迁至湖南长沙定居下来。他们远徙异地后，仍念念不忘故国家园，无奈中只能以国为氏，以此来寄托不尽的哀思——这便是罗姓的开始。

罗氏豫章衍派之始祖为罗珠。罗珠，字怀汉，号灵知，罗君用次子，郐公41世孙。生于秦王嬴政二年（公元前245年）丙辰四月十四，原居湖南长沙府浏阳县东乡沔江。惠帝时仕汉，初为治粟内史，其宏才大略，智识超群，任中赋税宽平、国用优足。惠帝三年（公元前192年），因受奸人排挤而远离长安，奉诏东迁九江郡之豫章沟（今江西南昌），在那里率领民众修筑城池，景帝二年丙戌（公元前155年）罗珠终于其地，享年90岁。景帝改治粟之官为大农令，称罗珠曰大农令。景帝三年丁亥（公元前154年），吴王刘濞勾结七国叛乱，景帝命太尉周亚夫平叛。叛平，亚夫请以罗珠所筑九江郡新城另置郡，因罗珠环城广植豫章（香樟）树，故称郡城曰豫章郡，隶18邑。后罗氏子孙世代繁衍，移居各地，遂以“豫章”为其郡望堂号。

罗邵筠之子、珠公31世孙罗周文为罗氏入闽始祖。罗周文，又名吉，字源达，生于唐德宗贞元元年（785年）。唐元和六年（811年）出任邵武县尉；元和八年（813年）改任沙县县尉。罗氏一直是沙县这个古老县城的名门望族，历代人才辈出，誉满邑里。

沙县因“县多沙洲”而得名。东晋义熙年间（405—418）始设沙村县，至今已逾1600年，是福建省早期建县的古县之一。

罗从彦的祖父罗世南生于北宋天圣五年（1027年），是周文公10世孙，他在中年时举家携父罗文弼、母林氏从沙县迁往南剑州剑浦县杜溪里儒岭下村儒岭窠。庆历四年（1044年），罗从彦的父亲罗神继出世，神宗熙宁五年（1072年），罗从彦出生。罗从彦是周文公12世裔孙。因罗从彦郡望豫章，故后世学人称之为“豫章先生”。

文星出世

罗从彦出生时，罗神继夫妻希望他长大后能够成为一个有才干的人，故“以其美而彦者”，取名“从彦”。又因罗从彦在仲秋前两日出生、产前母亲林氏梦见文曲星捧白玉，故“璧洁而素，又居仲”，而取字“仲素”。

罗从彦的祖父罗世南、父亲罗神继学识渊博，在当地颇有名声，却自甘清贫，隐身不仕。母亲林氏为人正直，通文字，除了会吟诗作对外，还擅长绘画。罗从彦内受闺教，外承庭训，很小便开始识文断字。他聪颖非凡，常常一点便通。

传统中国教育实行官学和私学并举，县学、社学、义学和私塾共存。历史悠久的沙县民智开发较早，特别重视文化教育。唐武德七年（624年）便在西天王寺创办县学。宋天圣三年（1025年），汀州府设府学于文庙，各县开始陆续兴办县学，沙县此时早已有“五步一塾，十步一庠，士人皆以诗书相劝”的风尚。当时的沙县不仅拥有大量官学，还有众多私塾、族塾和家塾（即便在清末，沙县仍有私塾130余所）。在这种社会风气下，罗从彦的高祖父罗安中在城西北出让田产创立“半祠半学”的义恩祠。义恩祠有两个主要的功能：一是宗族祭祀，另一个就是罗氏家学，接收罗氏宗亲男童集中入学。从天禧三年（1019年）至熙宁九年（1076年）短短的57年间，曾经就学于义恩祠的罗氏生员先后有罗觉、罗仲元、罗畸三人荣登进士第。特别是罗畸，中进士时才16周岁，年少及第，文采斐然，在沙县乃至南剑州均声名响亮，在罗氏宗亲的举子中更是充当榜样与示范的作用，因此，义恩祠声誉鹊起，名噪一时。

罗神继十分重视教育，熙宁九年（1076年），他听闻年仅16岁的侄儿罗畸进士及第，赞叹之余，羡慕不已，遂萌发了把罗从彦送回沙县义恩祠上学的念头，只是罗从彦年纪太小，无法成行。

元丰三年（1080年），罗从彦9岁，罗神继将他送回沙县上学。罗从彦才华出众，10岁能诗，当时一同上学的罗氏宗亲男童多不及他。

元丰七年（1084年），罗从彦13岁，罗神继听闻州治一带学风浓郁，又携罗从彦至南平，慕名前往拜投审律先生吴仪门下。吴仪学问宏博，模范端严，不喜欢从政，和他堂弟吴熙卜一起居住于城东藏春峡，设游亭，置学馆，以山水自娱自乐，被时人称为“双璧”，在当地名气很大。

经过4年的学习，罗从彦早已经明行修、德才兼备，由于他聪颖好学、潜心刻苦，渐得吴仪器重。

宣和七年（1125年），吴仪去世，罗从彦分别用押麻韵和押青韵作五言律诗《挽吉溪吴助教》两首以记，其一曰：“室富真儒业，门多长者车。明经方教子，得第已荣家。性守仍知分，天然不爱奢。百年成古昔，行路亦咨嗟。”从两首诗可以看出，罗从彦不仅对吴仪去世深表叹息，更感佩吴仪隐居不仕、专心治学的精神。诗中赞吴仪是“真正的儒者”，颂其“性守知分”，肯定其“天生不贪恋奢华”的处事态度，同时表达自己愿意继承老师遗志，坚定“白首穷经终不悔，青山养老度余生”的人生信念。

拜师杨龟山

宋元丰八年（1085年）七月，龟山先生杨时的继母廖太君去世，杨时解官回到家乡将乐县服孝，其间与吴仪交往频繁。这一年，13岁的罗从彦正好投在吴仪门下，以穷经为学。吴仪在课业讲学时，多次讲到将乐杨时已求得二程理学真谛，罗从彦耳濡目染，在他幼小的心灵播下了理学的种子。

元祐五年（1090年），杨时的父亲杨殖去世，杨时再次回乡守制。第二年，20岁的罗从彦特意赶到镛城（今将乐县）听杨时讲学，这是杨时与罗从彦的第一次见面。只听了三天，罗从彦便惊得汗流浃背，感叹不已，心里不停地对自己说：“果然不虚此行！如果不来这里，我几乎是要虚度一生了。”

初见罗从彦，杨时对这个青年并没有太深的印象，当他了解到罗从彦想拜自己为师、决意跟从自己潜心研究洛学后，欲试其深浅，便出一题“饥渴害心”考他。题目的大意是，孟子曾说过，饥饿的人觉得任何食物都好吃，口渴的人觉得任何水都好喝，其实这并没有尝到饮食真正的味道，而是受了饥渴损害的缘故。难道只有嘴和肚子有饥渴的损害？人心也会有损害。人如果能不把（类似）饥渴的损害转换成对心的损害，那么即使一时赶不上别人，也不必担忧。杨时想听听罗从彦对这句话的看法。他怕罗从彦听不明白，补充说：“这句话看似容易懂，也容易做到，其实不然，其中蕴含无穷的道理。”罗从彦思考了好几天，并郑重其事地写了心得体会，面呈杨时说：“饮食固然有饮食真正的味道，然而饥饿和口渴却能害它变了味，这好比传道授业之人一定要走正道，不要总喜欢去钻研小道，这才是正理。尧舜等先人行的都是正道，只要效仿他们，哪会有不能做到的道理？”杨时听后很满意，说：“你说得很好，你的释义对那些内心亏损之人是一剂猛药，可以让他们大彻大悟，你算是一个已经入道的人了。”罗从彦一生牢记杨时这句话，自我约束，身体力行，拒绝尘世浮华的诱惑，安贫乐道，静心治学。因此，他的学问每日都有长进，每月都有变化，和他一起学习的人，大多自叹不如。

元祐八年（1093年），杨时服丧期满，赴汴京（今开封）请求复职。四月，杨时迁瀛洲防御推官，复授潭州浏阳县令。同年五月十九日，杨时又投于程颢的弟弟伊川先生程颐门下，在洛阳以师礼拜见，请求收自己为徒。由此引出一段“程门立雪”的佳话。

从宋元祐五年至元符二年（1099年）期间，罗从彦的家庭有喜有悲，先是儿子敦叙出生，接着母亲林氏和父亲罗神继去世。元符二年（1099年），罗从彦28岁。

变卖田产为求学

元符元年（1098年），杨时著《周易解义》，因在浏阳受诬辞官回乡，第二年十一月开始在将乐县含云寺讲学，并作《勉学歌示诸生》。罗从彦再次从延平赶至镛城，前去求学悟道。

当龟山先生在讲解《周易·乾·九四爻》时，不由感叹地说："这个问题伊川先生说得比我更好呀！"罗从彦为了求证，从镛城到延平儒岭窠，变卖家中田产充作盘缠，并自带干粮，前往洛阳向程颐请教。当时的杨龟山早已名声在外，罗从彦不畏权威、勇于探寻真理的精神，着实令人钦佩。而程颐当时被贬，处境也不容乐观。罗从彦为求得真知而义无反顾，甚至不惜舍弃基本的生活保障，步行几千里到河南峡州。伊川先生深为感动，给罗从彦讲解了好多遍，罗从彦发现程颐所说的与从杨时处听到的相差无几，便执弟子礼答谢他。罗从彦从洛阳回来之后，尽心尽力以事杨时，态度更加恭敬。杨时也不计较，不但对罗从彦精心指点，还让他"独得不传之秘"。

伊川先生一丝不苟的治学态度，以及对弟子"知无不言，言无不尽"的诲人不倦的言行，都让罗从彦印象深刻，罗从彦在心中也早已把他当作人生中难得遇见的恩师。大观元年（1107年），恢复自由不久的程颐郁愤而死，大多数学生都不敢去送葬。政和八年（1118年），为到同门友人尹焞处取《春秋传》而赴汴京的罗从彦，特地又从洛阳转至伊川县的白虎山下，为尚未恢复名誉的程颐扫墓，以尽弟子之礼。

试想一下罗从彦在变卖家中田产时内心的挣扎。一是来自中国传统伦理"孝"的压力。虽然他的父母均已去世，已完成"敬亲""奉养"的义务，但他离"立身"（成就一番事业）还有一大段距离，竟然要卖掉家中的田产，完全是一副"败家子"的形象。受阻是肯定的，即使自己愿意，宗亲族亲也不可能答应。另一个是生存的压力。转卖或典当田产就丧失了生存的保障，何况罗从彦家贫子幼，所以说"鬻田走洛"完全是破釜沉舟的行为。

三是求学的压力，罗从彦既然以弟子礼拜见杨时，就应该尊重他，而罗从彦对老师的学问持质疑态度，还想要远行他方，另寻“高师”求证，一旦被不明就里的人所知晓，免不了被人指责或质疑，甚至误解。

罗从彦不远千里找程颐先生求教的是什么问题呢?

综合各方面资料看，大概他是讨教做人做官的道德标准和道德规范，也是讨论作为一个“君子”的基本修为。意思是，个人修为重在自我约束、自我管理、自我实践，既是“君子”，更应该高标准、严要求；越是位高权重之人，越要注意自身的言行，“高位”好比“深渊”，“居高位者”好比“龙跃深渊”，行正道，方可进步；走邪路，万劫不复。最后总结为居安思危应谨慎，进德修业应及时。

求学之路

罗从彦拜师求学是一个“循序渐进”的过程。从元祐八年（1093年）至政和七年（1117年）20多年的时间里，他至少先后6次拜杨龟山为师。很多人根据《宋史·道学二·罗从彦》和《四库全书·豫章文集·豫章罗先生年谱》的记载来确定“罗从彦41岁始师从杨时”，其实这应只是罗从彦正式以弟子礼拜杨时为师、向社会公开师徒身份的时间，杨、罗此前早已有师徒之实。

元祐六年（1091年），20岁的罗从彦慕名来听回乡守制的杨时讲学，这是杨、罗的第一次见面。

元符二年（1099年）十一月，杨时在将乐县含云寺讲学。罗从彦再次前去求学悟道。其间又前去洛阳求教伊川先生，于元符三年（1100年）三四月返回，再次受学于杨门，直至建中靖国元年（1101年）五月。经过近一年废寝忘食的系统学习，他的课业更加精进。

崇宁五年（1106年），杨时充任对读官，后又于大观元年（1107年）转授余杭知县，罗从彦又自沙县来，以“气质之性”“知微之显”“学道之法”“诗之论”“事天者论”“读书之法”“尽心知性”等问题求教于杨时，这是35岁的罗从彦第三次受学于杨时。以上7个问题以“问答”的方式载录于《杨时文集·余杭所闻》中。杨时认为，人的气质禀性虽固有不同，然善是根本，善转恶，主在外因。好比气脉，气顺则和乐，气逆则反常，又好比河水清与浊，浊乃沙泥混合的结果，一旦沙泥退去，

淘金山罗从彦藏修地石刻“豫章遗风”

水自然清澈，所以君子养性，其实就是“浊水化清”的转变过程。讲到“学道之法”，杨时认为，要学就要学圣贤的言行，要学圣贤的言行就要闻圣贤之“道”，若学不闻“道”，还不如不学。在谈到横渠先生（张载）所著《西铭》的“事天”道理时，杨时认为其本质就是遵循天理、遵从自然。对于“读书之法”，杨时的观点是“以身体验，以心感应”，在悠闲安静中从容默会，在超然自得中体察书的内容，在闲适散淡中领悟其象征意义。谈到“尽心知性”，杨时认为首先要明白什么是“尽心”，他认为“明白洞达、广大静一、体会了然”才可称“尽”，能尽其心，自然知性，“知仁则知心，知心则知性。”

政和元年（1111年），杨时在南京（今河南商丘）任敦宗院博士，这年七月十一日，40岁的罗从彦自沙县来南京，至十月离去。这是罗从彦第四次受学于杨时。

政和二年（1112年）四月，杨时赴浙江任萧山知县，五月，罗从

“抠衣”即提起衣服前襟，是古人迎趋时的动作，表示恭敬；“侍席”即伺候左右。

彦又从沙县徒步前往萧山求学，直至八月离去。这是41岁的罗从彦第五次求学于杨时。

政和七年（1117年），杨时寓居毗陵（今江苏常州），46岁的罗从彦第六次受学于杨门。这一次住到次年春节后才拜别。罗从彦此次求学的收获是很大的，除了《春秋传》，他把杨时的所有著作悉数带回家。

洛阳问学伊川先生归来后，罗从彦师从杨时，尽心尽力，“抠衣侍席”20余载。经过细心的考察，杨时发现自己的千余名弟子中，罗从彦独占鳌头，他认为“惟从彦可以言道”。因此，杨时对罗从彦也更加重视，尽心培育，并将“不传之秘”毫无保留地悉数传授给他。

罗从彦从学于杨时20几年，所学的知识涉及广泛，内容丰富。单从杨时的《龟山语录》便可以看出，这些语录涉及“理气论”“理一分殊”“格物致知”“心性修养”等哲学理论和经学、伦理道德、历史学、美学、教育思想、经济思想、政治思想，以及文艺创作等诸多方面。

乙酉季九
名山棋秀
羅良凱題

第二章

潜思力行　笃志求道

罗从彦因“严毅清苦，笃志求道”和“潜思力行，任重诣极”而著称于世。这两句恰好也说明了罗从彦的治学态度和治学精神。朱熹曾这样评价他：“罗先生严毅清苦殊可畏”，赞其“一箪一瓢凛然高风”。

至交陈默堂

陈渊，字知默，世称默堂先生。他在少年时期十分聪明，18岁获乡试第一，声名赫赫。宋建中靖国元年（1101年），在将乐含云寺讲学的杨时被暂时派任建州建阳县丞。当年三月，26岁的陈渊获知杨时获二程真传，赶赴建阳，投书问学，以“伊尹的发现、周公的思考、孔子的贯通、颜回的乐理”向杨时请教，杨时认为他对圣贤旨意有深刻的理解，同意收之为徒，并将长女许配给他。就在这年五月，罗从彦与陈渊在杨时的住所偶遇，随后二人成为一生的挚友。

陈渊小罗从彦3岁，二人年龄相仿，同为杨时弟子，祖籍地又同在沙县，“他乡遇故知”的惊喜让他俩一见如故，进而发展为同窗好友，关系格外亲密。陈渊很佩服罗从彦的学识，逢人便夸：“自从我与仲素兄交为好友，每天都能从他那听到新知识，学到新东西，他学问深奥，严于律已，又肯吃苦，可称得上是南剑州境内出类拔萃的人才呀！”

五月底，罗从彦从学杨时几近一年，想回延平去，但他的内心十分矛盾，延平的家田已被他典卖，自己除了一肚子道义文章，两手空空，觉得“无颜见江东父老”。陈渊了解情况后，会同同窗讲友廖衙（字仲辰，杨时的侄女婿），劝其回沙县洞天岩定居。为说动罗从彦，陈渊阐述了几点理由：一是罗氏家族在沙县乃名门望族，家族聚居沙县城西，罗从彦回沙县合情合理，必受欢迎。二是为了筹措盘缠去洛阳问学程颐，罗从彦顶住压力，已出让延平田产，回去后生计无依。三是沙县洞天岩泉石秀丽，林木葱郁，幽径空谷，适合静坐与治学。最重要一点是，陈渊在沙县的老家也在城西，与洞天岩相距不远，他们或探讨学问，或议论时政，或宴游酬和，都十分便捷。

罗从彦一向“清介绝俗”，听说沙县祖地有这么一个好场所，心有所动，于是不再犹豫，暗下决心与陈渊一同返回祖籍地沙县，在宗亲和陈渊的帮助下，29岁的罗从彦开始定居洞天岩。此后，陈渊经常去找罗从彦会讲与论道，每次前去都要一整天，直到日落西山，才恋恋不舍地回家。

陈渊与罗从彦之间的关系可以用“亲密无间”来形容。在陈渊的一篇《答罗仲素》的文中写道：每年都有亲朋好友各奔东西，能够留下来的少之又少。偶尔有一两人留下，早晚宴游往来，也大多只是相互间玩耍嬉戏而已。平时做人做事，即使有错也没有人指正；读书学习，有疑问也找不到人请教。对此我越想越害怕。幸亏上天让我邂逅仲素兄，又重新找到一个无所不谈、答疑解惑的良师益友。从今以后，我的学问一定会有所长进，我觉得非常幸运。

陈渊与罗从彦在洞天岩频频相聚，他们议学论道，吟诗唱和，互赠诗文，留下了不少佳作。

罗从彦平时敬仰颜回安贫乐道、笃志向学的精神，又知程颢曾经著有《颜乐铭》，故给洞天岩一凉亭取名“颜乐亭”，而给自己居所的书斋取名“颜乐斋”。陈渊知其喜好，以“颜乐亭”为题，取韵赋诗曰：

亭名颜乐枕高山，自有行藏远契颜。
玉陛不求千载遇，荜门赢得一生闲。
箪瓢陋巷堪游衍，富贵浮云任往还。
更续洛川求所学，会传余论落人间。

此诗盛赞罗从彦志存高远、高风亮节、安贫乐道、潜思力行的精神，提出千年难求登玉阶，竹门却获一生闲，富贵如浮云，飘忽

君莫求。罗从彦作《颜乐亭用陈默堂韵》对曰：

平时仰止在高山，要以亭名乐内颜。
颠倒一生浑是梦，寻思百计不如闲。
心斋肯与尘污染，陋巷宁容俗往还。
坚守箪瓢心不改，恐流乞祭向墦间。

大意是，自顾一生为探索真理，实现人生抱负，孜孜不倦，洁身自爱，到头来却恍如一场梦境。如果这样，还不如学老子、庄子无为之高明。虚怀若谷，心斋不会愿意沾染现实世界的污垢。身栖陋巷，却不与势力场中的庸俗之人来往。粗茶淡饭，痴心不改。只怕会沦落到去世后坟前的祭祀品都要靠别人施舍的地步。

九九重阳节，罗从彦在洞天岩寄傲轩备下酒菜果品，邀约陈渊一同品茗赏菊。微醺之下，陈渊以“寄傲轩”为题作《题罗仲素寄傲轩》曰：

南窗何似北窗凉，寄傲乘风各有方。
俯仰尚嫌天地窄，卷舒宁计古今长。
酒斟盏里浮醅绿，菊采篱边满眼黄。
万事醉来俱不醒，时飞清梦到羲皇。

大意是，一壶酽酒，数盏清茶，采菊篱边，满眼皆黄。醉了！醉了！切莫唤醒我，我要飞梦去见伏羲皇。“低头昂首之间埋怨天地狭小，云卷云舒之时丈量古今长短。”这首诗豪迈大气，有借“寄傲”山风周游四方、“御风长歌”的韵味。罗从彦作《寄傲轩用陈默堂韵》和对曰：

自嗟踽踽复凉凉，糊口安能仰四方？
目送归鸿心自远，门堪罗雀日偏长。
家徒四壁樽仍绿，侯户千头橘又黄。
我醉欲眠卿且去，肯陪俗客语羲皇？

“盘铭”出自《大学》：“汤之《盘铭》曰：‘苟日新，日日新，又日新。’”

他说，可叹形单影只，勉强糊口而已，又怎能有远大理想依傍四方？目送倦鸟归林心自遥远，眼见麻雀觅食日影偏长。即便家徒四壁也不可缺一杯美酒，千门万户柑橘的枝头黄了又黄。醉了！困了！要走您自便吧，如果肯留下来陪我这凡夫俗子去与伏羲对话，那也无妨！这首诗充分流露出诗人坦率憨直的可爱，以及不守俗套、不拘小节、率直天真、没有半点心机的心境。“我醉欲眠君且去”出自陶渊明的原话，陶渊明与客喝酒，若先醉，便对客人说：“我醉欲眠，君可去！”后李白在诗作《山中与幽人对酌》中引用之曰：“我醉欲眠卿且去，明朝有意抱琴来。”

罗从彦在洞天岩溪边新建临水凉亭，取名“濯缨亭”，有“洗濯冠缨”之意，以此鞭策自己超脱世俗、操守高洁。陈渊从游濯缨亭后，作《题罗仲素濯缨亭》曰：

涉世谁能不混尘，幸无尘土点簪绅。
沧浪解洗许由耳，醽醁还浇靖节巾。
心地已非污可染，盘铭自警德常新。

此亭要与名俱永，不信西风能污人。

大意是，人生在世，哪能那么容易超凡脱俗，置身事外？幸好仕宦还未全被污尘沾染。沧浪之水清澈，许由用它来清洗听了脏话的耳朵；美酒醇厚，陶渊明自甘清贫，隐身不仕，乐在其中。仲素兄高洁自爱，心地已无污秽沾染，常以《盘铭》自警自省，道德日新。依我看这个亭子要与你一道盛名永传了。罗从彦又作《濯缨亭用陈默堂韵》对曰：

十载犹缁京洛尘，归欤那复厕朝绅。
君今谈笑青油幕，我但巍峨乌角巾。
江汉更从尼父濯，衣冠宁羡屈原新。
欲赓孺子沧浪咏，会意须还舍瑟人。

大意是，离开京城十年了，身上布衣还留有黑色的灰尘，既然已经退出了仕途，哪肯再陷入那种尔虞我诈的生活？远离仕途后，戴着高耸的乌角巾，坐在青绸幕帷间谈笑古今，是多么自由和惬意。我要学孔子，在江汉间洗掉身上的灰尘；像屈原一样，穿戴崭新的衣帽。我还要像一个孩子那样无忧无虑，在沧浪水边洗濯帽缨，吟诗作赋。只有像曾点那样超凡脱俗的人才能够明白理解我的心意。

陈渊与罗从彦两人深交近40年，已经到达无所不谈的地步。陈渊深知罗从彦“清介绝俗”、性格好静，鼓励他“开坛讲学”和“设院授徒”。罗从彦也高度信任陈渊，大事小情都愿意找陈渊商量，甚至在“收不收弟子，收谁为弟子”的问题上，罗从彦都会征询陈渊的意见。政和六年（1116年），24岁的李侗前来拜师时，罗从彦便举棋不定，郑重其事地修书一封给陈渊，罗从彦在《与陈默堂书》中写道：

从彦承喻：“圣道甚微，有能于后生中，得一个半个，可以与闻于此。庶几传者愈广，吾道不孤，又何难之不易。”从彦闻尊兄此言，尤著意询访。近有后生李愿中者，向道甚锐。曾以书求教，趋向大抵近正。漫录其书，并从彦所作小诗呈左右，未知以为然否？

大意是，自己承蒙陈渊开导：“从事圣人道学研究的人不多，能得一个半个，传其衣钵，闯出名声，已不容易。让道学在贤人中广泛传播，使我们的道学研究不至于太孤单，又谈何容易？”因此我特别注意观察探访者。近来有个名叫李侗的后生，特别痴迷道学，他向我求教。我观察他的行为举止也较为正派。现抄录他写的“拜师信”，连同我作的小诗《勉李愿中》（五首），一并寄给你。是否收他为弟子，你的意下如何？

绍兴十一年（1141年）正月初三，在罗从彦去世6年后，陈渊给其《语孟师说》作“跋”，先追忆了罗从彦初见杨时，与杨时对答令其满意的情景。而后表达对罗从彦去世的惋惜，称假使仲素不死，那么他研究道学的深度和广度，又岂是我辈所能知晓的？陈渊还对罗从彦的理学理论做出了客观的评价，“其格言要论，自为一家之书。阅其学益进，诵其言益可喜，信乎自心害而去之也。”意思是，罗从彦的格言要论自成一家，阅读他的要论可以学业猛进，背诵他的格言可以心生欢喜，信奉捧读他的理论可以去除心害。

定居洞天岩

定居沙县城西风景秀丽的洞天岩后，罗从彦在寄傲轩静坐清修，并新建颜乐斋、静亭和濯缨亭。

颜乐斋是罗从彦的书斋，也是其读书藏修的主要场所。他曾用押阳韵作七言绝句一首《颜乐斋》：

山染岚光带日黄，潇然茅屋枕池塘。

自知寡与真堪笑，赖有颜瓢一味长。

这首七言绝句描绘了颜乐斋日暮时分的情景：黄昏之际，落日的余晖染红了远处的山峰，池塘边的茅屋孤孤单单，一片凄凉。心知自己难与世俗同流，会被他人讥笑，好在还能像颜回一样，不畏清贫，守着精神的家园，哪怕喝着凉水，快乐依旧，滋味绵长。罗从彦这首诗主要是“言志”，表现了安贫乐道的儒家思想和不与世俗同流合污、洁身自爱的情怀。

定居洞天岩期间，罗从彦新建一座凉亭，因其心性喜静，故取名“静亭”，他还用押尤韵作七言律诗《题静亭》：

鼎创新亭静更幽，四时景象镇长留。

端如和气里谈笑，恍若春风中泳游。

排闼山供岚色重，凭栏水拥壁光浮。

我来登赏无穷趣，好把篇诗与唱酬。

罗先生故址图

全诗抑扬顿挫、节奏明快、流光溢彩，推断应是静亭竣工时的贺诗。从内容分析，静亭位居高处，幽谷新亭，四季更替，柴扉小门，山峦重叠，浓雾萦绕，凭栏远眺，水拥山壁，浮光掠影，“和气（天地间阴气与阳气交合而成之气）里谈笑”，“春风中泳游”，登高远望，吟诗唱和，岂不快哉？罗从彦遗世的山水诗很少，《题静亭》就是一首不可多得的吟咏山水的佳作。

罗从彦定居洞天岩，并在好友陈渊的劝说下开坛讲学，他是闽北道学传播的创始人，呕心沥血，教育弟子。为提高讲学质量，他注解《论语》，使弟子们更容易领悟；他贯彻爱国爱民思想，以“国家盛衰利弊分析”引导弟子去忠君爱国。他的行为光明磊落，品德高洁清亮，即便在洞天岩深居简出十余年，一样受到世人的崇敬。

罗从彦住在洞天岩山脚下，濯缨亭横卧步云桥上端的洞天岩溪上，颜乐斋、寄傲轩分别在中部和右侧，静亭位置略高，它们与洞天岩旖旎的风光浑然一体。欲攀洞天岩，须从大洲村寻一小径，迈过“步云桥”，途经罗从彦故居，蜿蜒直通山麓，只见两旁的梯田错落有致，阡陌纵横，远远抬头望去，洞天岩山势峭拔。继续往北坡而行，拾级数十步，前有

洞天岩“枕流”石刻

石如屏者，上镌“通幽”二字。在台阶的尽头，雄崖壁立，藤萝盘绕。右侧是莲花峰；左为古佛庵，有朱笔题书“洞天岩”匾额。古佛庵向西，峰回路转，涧边有一“仙人脚印”，涧中石上刻着“枕流”二字，遒劲有力，水花翻卷，字迹如新，妙趣横生。枕流石下，有一天然石洞，名曰“永和洞”，洞中有石床。枕流石上方，一方巨石耸立，上书“琼台”。“邀月台”在洞天岩瀑布顶上，台上建有一草庐，此即为罗从彦“沐月治学”之地。

因罗从彦率先入驻，一时间，洞天岩名家荟萃，文人雅士云集，前后“十贤”会于此——李纲慕名而至；陈瓘、陈渊叔侄往还其中；罗畸、罗荐可世居洞天岩山麓；邓肃、邓德俩、邓右文居其附近；后来朱松又从松溪前来寓居于此。除“十贤”外，还有陈兴宗、邓成彦、邓季明、俞祖仁、吴慎微等文人学士来到洞天岩，他们晏游和对，其乐融融，场面盛大。

如此，洞天岩成为沙县雅士名流的精神家园，成了南宋、明清时期文人学士热衷的宴游吟咏之地，而且越发展越丰赡，滋养了一代又一代的闽中文人。

在宋代，沙县还只是一座偏僻边远的小县，人口大致五六万人，却能涌现出一批有影响的文化名流，形成以沙县本土文人为主体，儒释道思想相互交融、相互渗透的独特文化现象。他们或行或藏，行则为国为民，一身正气，功成名立；藏则寄情山水，陶冶情操，完善自我。

交游四方 弘道东南

罗从彦定居洞天岩后，彻底打消了通过科举出仕做官的想法。他在洞天岩建造了几处书斋和亭轩，专心研究学问，著书立说。他心性喜静，好读书，又爱静坐，不久便受益匪浅，几年后逐渐声名远播，前来拜师求学的人络绎不绝。隆兴元年（1163年），左奉议郎孙大中在罗从彦《诲子侄文》“跋”中写道，罗从彦爱书如痴，博览群书，他读书总比别人理解得更深更远。他志向于道学，无心仕途。不奢望别人知道，却早已名声在外。远近的雅士文人慕道而来，人头攒动，摩肩接踵。与此同时，各地书院、学堂、私塾纷纷邀请罗从彦去开坛讲学。

罗从彦在沙县洞天岩静坐清修、研究学问十余年后，最终听从了陈渊等人的建议，于政和三年（1113年）开始，从沙县出发，前往各地周游讲学，传道授业，弘道东南。

端坐紫云台

紫云台即为今明溪县夏阳乡紫云村，宋时隶属沙县沙阳里。全村主姓为杨、罗、张、饶四姓，与三大理学家杨时、罗从彦、张载和草根道人（饶松）均有渊源。罗从彦曾经在紫云台端坐讲学，正德十一年（1516年）《明溪县志·名宦祠》记载：

> 吾邑有里沙阳，原属沙县裁割，其中罗公之族姓、宗祀、故址咸在，故为罗公立祠以祀者，厥有所本，非僭也。若乃李之延平，相距咫尺，受学豫章罗公之门，尝往来吾治境内者。朱之元晦领簿同安，亲炙延平李公之教，意曾历访杨罗二公者，是虽先后殊时，皆神交默契，有功于吾道，庙食宜在所同，自不容于相离也。此

四贤之所以祭者，其始末之盖由是也。

游学翠云书院

翠云书院坐落于南剑州沙县归仁里杨岩的一个山谷里，据成书于清同治八年（1869年）杨岩《浮桥书册》卷三记载：

> 翠云书院始建于唐开元三年（716年），筑精舍五植，匾书“翠云书院”；唐光启元年（885年），屯兵于此，扩左右厢房、门楼、围墙；宋熙宁戊申（1068年），杨时、陈瓘、张驾三君合修，并肄业、讲学其间。宋淳熙八年（1181年），朱熹筑崇安“武夷精舍”，修“翠云书院”，往返讲学。

罗从彦曾应约到“翠云书院”讲学，以押文韵作五言律诗《翠云岩次陈默堂韵》曰：

济渡游丹洞，穿林惹翠云。
迩来多野趣，殊觉少尘纷。
笑日花迎客，临岩鸟唤群。
真机皆自得，此道与平分。

执掌儒林阁

南平市延平区水南街道罗源村旧称上团（罗源里），宋政和三年（1113年）前便已有罗姓住户数百户，是一个名副其实的罗氏大村落。为发展教育、培育子孙，罗氏族亲和乡绅出资典建

"南斋书院"，并至沙县邀请罗从彦前往讲学。罗从彦欣然接受邀请，到剑浦县罗源里执掌南斋书院，设坛讲学，一时间当地衣冠济济、群儒毕集。因此，人们盛赞罗从彦掌门的南斋书院的书斋为"儒林阁"，而书斋所在地罗源峡为"儒林峡"。据说，当年为营造书院环境，曾在院内栽种丹桂，院旁凿有水井，因其味甘洌芬芳，名曰"香泉"，至今遗迹可辨。

讲学九峰山

九峰山位于延平城西溪右岸，与玉屏山隔江相望。因九座山峰高耸层叠得名，为延平市区四周诸峰之冠。九峰山环境幽雅，"九峰月朗"是延平古八景之一。明朝南平知县陆嵩诗赞曰："朵朵芙蓉矗太空，碧天如洗月华浓。望中佳致堪图画，未数匡庐五老峰。"

"闽学四贤"中至少有三人（罗从彦、李侗、朱熹）曾经在九峰山讲学，他们饮用的一泓泉水名为"育德泉"，至今仍在九峰山后山中段山腰上，且"四时不枯，甘甜异常"。镇守太监陈道监修、黄仲昭编纂的《八闽通志》卷九"地理·山川·延平府·育德泉"载："在延平书院横翠楼之右。其泉寒冽，宋罗从彦、李侗、朱熹三先生讲道于此，饮此泉，取蒙象卦之语名之。"

游学江西

罗从彦曾经游学于江西南昌，他在不惑之年逗留江西讲学，

讲学之处称庆源堂，由柏林罗清所建，此处还建了邀月楼，建在罚挞台之右。又传，罗从彦晚年常居豫章西乡罗家源，又建退思楼。

宋代名士罗大经曾记载：“豫章旅邸，有题十二字云：‘愿天常生好人，愿人常做善事。’”依此文，罗从彦不仅到过江西南昌，还曾在江西吉水的一个官驿留下过墨宝。

讲学冠豸山

冠豸山，旧称东田山、莲峰山，邑人以其主峰形似古代獬豸冠而取名“冠豸”。獬豸，是古代传说中的一种神兽，似羊而独角，“能辨曲直，见人争斗，即以角触不直者”，法官可据此判断是非，因而法官的帽子称为“冠豸”，以示公正不阿、除邪扶正。以“冠豸”为山名，寓含清正廉明，寓意深远。

冠豸山位于福建连城县城东郊，有武夷山之气势、太姥山之豁达、兔耳岭之地形，被誉为“北夷南豸，丹霞双绝”。与天下名山相比，钟灵毓秀的冠豸山不以山势巍峨称雄，不以香火鼎盛闻名，却以书院众多而自豪。自南宋到明清，不少文人雅士纷纷在山上结庐倡学，建有众多书院。

建炎二年（1128年）二月至绍兴元年（1131年）4年间，年近花甲的罗从彦受莲城堡罗姓宗亲和汀州太守的邀请，到汀州府长汀县莲城堡（元改连城）冠豸山讲学。讲学地名曰儒林亭，位于冠豸山灵芝峰下西侧。儒林亭初为文亭罗氏太郎于宋太宗淳化年间（990—994）兴建，是一个三层圆形的八角亭书斋。前为灵芝庵，后倚巉岩高耸的灵芝峰，静穆幽深，林壑深邃，的确是一个讲学课业的绝佳场所。罗从彦在儒林亭期间，不仅讲学传道，还著书立说，先后完成《中庸说》等理学著述。

镌刻在连城冠豸山爱灵芝寺内丹崖壁上的罗从彦墨迹“壁立千仞”

罗从彦讲学时注重因材施教，传授儒家经典，影响很大，致使当时闽西、闽北群儒汇聚冠豸山，他们经常聚在一起，研讨理学、传播文化、培育学生，为闽学的发展发挥了一定的作用。

冠豸山尼庵内保存有罗从彦的相关碑记。在冠豸山灵芝峰岩壁上，至今遗有罗从彦手书石刻“壁立千仞”四个大字，行书体，每字宽40厘米，高50厘米，形象地描绘了灵芝峰的巍峨和高耸，是目前较难见到的罗从彦的遗世墨迹之一。

儒林亭后改名为“仰止亭”，内含“仰之弥高，止于至善”之意，这里是冠豸山最早的书院，就是这么一个三层八角亭书斋，因为罗从彦的传道，在宋、元、明、清先后引领了丘氏书院、樵唱山房、修竹书院、东山草堂、五贤书院 、雁门书院的崛起，造就了地灵人杰的冠豸山。

静坐罗浮山

广东省博罗县的罗浮山是罗山与浮山的合体，在博罗县西北境内的东江之滨，山势雄浑，风光秀丽，四季宜人，被誉为“岭南第一山”。苏东坡曾在这里写下“罗浮山下四时春，卢橘杨梅次第新。日啖荔枝三百颗，不辞长作岭南人”的名句。

罗浮山的佛道两教昌盛，是中国十大道教名山之一，司马迁曾把罗浮山称作“粤岳”。罗浮山的儒学也很发达，历史上许多文人墨客、儒学大家在此游览并留下无数的文化遗存，其中就包括罗从彦的足迹。

绍兴二年（1132年），罗从彦61岁，他以特奏及第，授广东博罗主簿。当年八月赴任前，恰逢南剑州州学成立，太守周侯绾授命罗从彦率诸生宗升、张元侯、符藻、廖援、张维、廖拱同行“释菜礼”，当时的州学教授石公辙还作《志释菜事》一篇，以纪其事。

罗从彦到任博罗主簿后，兢兢业业，任劳任怨。工作之余，常往罗浮山中澄心静坐，静修著书，“穷天地万物之理，及古今事变之归”，前往求学的弟子很多。同时，他又在罗浮山创建钓鳌书院，进行读书和讲学，将理学推向广东各地。从此南国理学崛起。宋明时期，广东出现了留正、陈献章等理学大师，罗浮山因此也成为海内著名的儒家讲学名山，清初著名学者屈大均在《广东新语》中深有感慨地说：“于时讲学之盛，海内莫有过于罗浮者！”

释菜礼是我国古代流传下来的两大祭孔仪式之一，或作“释采”“舍菜”。是古人入学时举行的“拜师礼”。仪式上通常要摆放代表青年学子的水芹、代表才华的韭菜花、代表早立志的红枣和代表敬畏之心的栗子。

遗憾的是，绍兴五年（1135年），64岁的罗从彦病逝于博罗县主簿任上，一代理学大儒陨落，不禁令人扼腕叹息。明弘治年间，惠州当地官府应湛若水之请，在罗浮山黄龙洞建“四贤祠”，祀周敦颐、罗从彦、李延平、陈献章等四位大师，以彰显儒家道（理）学在罗浮山的地位。

罗从彦选择在罗浮山静坐著书，开馆授徒，看中的是罗浮山与儒学之间深厚的联系。早在唐宪宗元和四年（809年），宋明理学先驱李翱奉碟知循州，第二年正月准制祭罗浮。循州韦昌明少时聪明好学，入罗浮潜心耕读，长庆四年（824年）成为“循州第一进士”。大有元年（928年），祯州节度使黄励弃官隐罗浮山水帘洞，创立惠州第一间书院——“黄子书堂”。宋熙宁初，周敦颐任广东转运判官提举刑狱，游罗浮，撒下道学种子，并作诗一首曰：“红尘白日少闲人，况有绯鱼系此身；独上罗浮开远目，浩然心意复吾真。”

今古乾坤
共此身安
身須是且
安民臨深
履薄緣何
事祇恐係
之近矣人

第三章

上传伊洛　下授延平

罗从彦在洛学传闽的过程中起到承上启下的作用。理学入闽，经杨时奠基，再经罗从彦二传，李侗三传，最后朱熹集大成。在此过程中，罗从彦与李侗之间的传承是关键的一环。

下授延平

罗从彦与李侗的师徒关系，应该从李侗亲自撰写并上呈豫章先生的一篇《拜师书》说起。政和六年（1116年），时年24岁的南剑州剑浦县人李侗，听说罗从彦学得了河洛之学，仰慕不已，想拜他为师，又怕他不肯接受，于是即兴写就了一篇《见罗先生书》，前往拜谒，该文措辞谦恭、态度诚恳，充分表达了李侗急欲拜学良师、寻求突破的迫切心情。

李侗写道，天下有三个根本，父亲生养儿子、老师教授学生、君主治理国家，缺其中之一，则根基就不能树立。古代的圣贤谁没有老师？他们学习的勤奋与懒惰，涉及道学的浅显与深邃，求取得益的先与后，是存还是亡，其详细情况不可能彻底考查。唯有洙水、泗水之间，孔子与七十二弟子之中的贤徒名士议论问答，全部记录在简册上，有足够的根据可以稽查，大概是因为凭借孔子而愈益明了。孟子以后，儒道失掉了传承，分成了各个派别，自立门户，天下真儒再没有见闻于世。那些聚集众徒成群讲学的人，他们之间相互传授的，只是一些句读、解释的文字而已，此时称儒学“熄灭”或“失传”也是可以的。

李侗对罗从彦追随杨时和程颐而获得孔孟真谛钦羡不已，认为汉唐以来的各位儒生中找不出与罗从彦齐驱并驾者，真切希望能跟随罗从彦读书。

但是，在收徒这个问题上，罗从彦比较慎重。他首先仔细观察李侗的言行举止，再认真考察李侗的心性，发现李侗潜心向学，确定他能安贫乐道、抛却名利，才决定将他列为培养对象，并特意作诗《勉李愿中五首》勉励他，从这五首勉励诗的“序”中可知，罗从彦仍然举棋不定，谨慎地表达了自己的担忧：“愿中以书求道甚力，作诗五首以勉其志，然借视听于聋盲，未知可否？”因此，他又郑重其事地修一封《与陈默堂书》，向好友陈渊征询意见，获肯定答复后，最终才下定决心收李侗为弟子。

罗从彦对李侗寄予厚望，细读《勉李愿中五首》可以深切地感受到这一点。其一曰：

圣道由来自坦夷，休迷佛学惑他歧。

死灰槁木浑无用，缘置心官不肯思。

这首诗激励李侗要勤于思索。圣贤之道从来行的都是坦荡平整的光明大道，不要被佛学迷惑，误入歧途。君不见冷却的灰烬、枯槁的树木毫无生气可言，可以说简直是毫无用处？造成这种结果的原因是大脑闲置，“学道不思”。其二曰：

不闻鸡犬闹桑麻，仁宅安居是我家。

耕种情田勤礼义，眼前风物任繁华。

这首诗鼓励李侗要甘于寂寞。农事活动间听不到鸡犬之声，邻里和睦，安居乐业，静谧独享。一腔热情，耕田种地，礼义仁智，道德文章。如此美景，任凭眼前风物繁荣热闹，都是过眼烟云。其三曰：

今古乾坤只此身，安身须是且安民。

临深履薄缘何事？只恐操心近矢人。

这首诗勉励李侗要正心养性。古往今来，人活天地之间，为儒者要静心养性，要推己及人，要兢兢业业，要如履薄冰。要有“居

淘金山石刻罗从彦诗《勉李愿中五首》其三

危思安”的忧患意识，近君子远小人。

李侗也不负罗从彦的期望，跟随罗从彦多年，学习《春秋》《中庸》《论语》《孟子》等著作。李侗在学习时，曾发现罗从彦好静坐，他也退入房间中静坐。罗从彦告诉他要“从静中看喜怒哀乐，情感未发之前的气象”，而从中寻求“中”，之后，天下之理将洞贯通达，依次融会释然，各有条序。李侗一一照做，罗从彦对此特别赞许。

李侗长期默坐澄心，思考洞悉性由、天赋之理。关于做学问，他说：“学问之道，不在多言。但默坐澄心，体认天理。若见虽一毫私欲之发，亦退听矣。久久用力于此，庶几渐明，讲学始有力耳。”后来，李侗退居山田乡里，终日危坐，谢绝世俗达

40年。他虽身在山野，却心系百姓，忧国忧民，潜心治学，终成一代大儒。

朱熹之父朱松与李侗都是罗从彦的门生和故友，很看重李侗的才华，临终前叮嘱朱熹跟随他学习。绍兴二十八年（1158年）春，朱熹正式拜李侗为师，最终传承了李侗的理学思想。

绍兴五年（1135年），64岁的罗从彦博罗县主簿任满，欲启程返乡，突然得病，3天后于病榻中亡故。时任广东惠州判官的宗亲罗友闻讯，遣人前来，护送灵柩回乡，途经汀州地界时遭遇匪乱，不得不将灵柩暂时寄放在武平开元寺。绍兴十年（1140年）夏，李侗率族亲数人前往武平，扶柩而归。考虑到罗从彦的祖父母、父母之坟都在延平，为祭祀方便，李侗也将罗从彦葬于延平黄漈坑。

道南一脉，薪火相传

朱松字乔年，号韦斋，其祖上为“婺源著姓，以儒为家”。他自幼刻苦读书，成绩优秀，政和四年（1114年）由郡庠选送京师太学，政和八年（1118年）进士及第，授迪功郎、福建建州政和县尉。由于家道衰落，身无余资，为筹措赴任

罗从彦墓

的盘缠，他与父母商议，最后卖掉朱氏祖上遗留的百亩田产，举家从婺源度岭南下入闽为官。同时，为了节约来之不易的盘缠，赴任之时，携父母、妻子和弟妹共计8人同行，于宣和元年（1119年）八月到任。

朱松到政和任县尉的时间很短，却卓有成效，当地百姓“赖以为安”。不仅如此，朱松还开启了政和文化教育之先河，启迪了政邑文化。朱松守制期间，在政和桥南正拜山下为诸生讲学，与朱柽、朱槔、谢誉、程鼎、俞靖等结为“星溪十友”，立社唱和，首创星溪书院、云根书院和熊山书院。

宣和五年（1123年）初，朱松以弟子礼拜学于罗从彦，他们第一次会面时，罗从彦对朱松的印象不错，称其“才高而智明，其刚不屈于俗”，意思是说朱松聪慧明达、有才气，刚毅正气、气质不俗，一眼望去，让人相信他不会是碌碌无为之辈。

韦，熟皮。因其性柔韧，性情急躁的人佩在身上以自戒。韦斋，以古人佩韦之意以铭斋。

宣和五年夏，朱松为父亲守制期满，经奏复，八月继任福建尤溪县县尉。赴任之初，置办了一个书斋作为读书、休憩、闲居的场所。朱松自知生性急躁，不利研习文道，以佩韦自诫，并给新治的书斋取名为“韦斋”。第二年，书斋完工，朱松又特意恳请恩师罗从彦作《韦斋记》一篇，并请户曹曹令德纂铭以记。《韦斋记》文曰：

宣和五年，岁在癸卯之中秋。朱乔年得尤溪尉，尝治一室，聚群书，宴坐寝休其间。后知《大学》之渊源，异端之学，无所入于其心。自知下急害道，名其室曰“韦斋”，取古人韦佩之义。泛观古人，有以物为戒者，有以人为戒者。所谓佩韦，以物为戒者也！人之大患，在于不知过。过而思自改，于是有戒焉。非贤者孰能之乎？

予始以困揜未能遂志，因作舫斋陆海中。且思古人所以进此道者，必有由而然。久之乃喟然叹曰：自孟轲氏没，更历汉唐，寥寥千载，迄无其人。有能自树立者，不过注心于外，崇尚世儒之语而已。与之游孔氏之门，入于尧舜之道，其必不能至矣。

夫中庸之书，世之学者尽心以知性，躬行以尽性者也。而其始则曰：喜怒哀乐之未发谓之中。其终则曰：夫焉有所倚，肫肫其仁，渊渊其渊，浩浩其天，此言何谓也？差之毫厘，谬以千里。故《大学》之道，在知所止而已。苟知所止，则知学之先后；不知所止，则于学无自而进矣。漆雕开之学曰：“吾斯之未能信。”曾点

之学曰：“异乎三子者之撰。”颜渊之学曰：“回虽不敏，请事斯语矣。”而孔子悦开与点，称颜回以庶几。盖许其进也。此予之所尝自勉者也。故以圣贤则莫学而非道；以俗学则莫学而非物。

乔年才高而智明，其刚不屈于俗，其学也方进而未艾。斋成之明年，使人来求记于余。余辞以不能，则非朋友之义；欲蹈袭世儒之语，则非吾心。故以其常所自勉者，并书之。使人知其在此，而不在彼也。

或曰韦斋之作终无益于学也邪！曰古之人，固有刻诸盘杅，铭诸几杖，置金人以戒多言，置欹器以戒自满，圣人皆有取焉。苟善取之，则韦斋之作不无补也！

罗从彦在这篇《韦斋记》的开篇诠释了“韦斋”的来历，并概括斋主朱松的仕途经历，在文章末尾主要说明撰写《韦斋记》的缘由及勉励、夸奖朱松的话，中间是重点，着重剖析自己对《中庸》和《大学》的研读心得。在解读《中庸》时，罗从彦从做学问应该“尽心知性”（孟子提倡的内省修行法，指充分发挥心中的良知，认识人性，不违“天命”）和身体力行以“尽性”（儒家谓人物之性均包含天理，唯至诚之人，才能发挥人和物的本性，使各得其所）说起，谈到对《中庸》首篇“喜怒哀乐之未发谓之中”（君子在独处时要慎重，喜怒哀乐的情绪没有表露出来，这就叫中）的理解，接着讲到《中庸》尾篇所说的“真诚”和“仁爱”（仁爱之心那样诚挚，像潭水那样幽深，像天那样广阔。如果不是真正聪明智慧、达到天德的人，还有谁能知道天下最大的真诚呢？）。

接下来是罗从彦对《大学》的研读心得。“为人君止于仁，为人臣止于敬，为人子止于孝，为人父止于慈，与国人交止于信。”罗从彦很重视“知其所止”，只有心知该做什么，不该做什么，在学习提高自身的时候才可以决定先学什么，后学什么，不至于盲目跟从、主次不分。他同时还列举了孔子三个弟子（漆雕开、曾点、颜渊）的学习实例以说明自己的观点。

朱松早年喜欢贾谊、陆贽的学问和王安石的字画，也在“辞章”上下工夫，在当时的朝野也有些名气。所以说，起初朱松擅长的是诗文创作，义理研究则是他的短板。然而，自从他入仕福建以后，与杨时的弟子们相互接触，从游其间，听他们谈话辩论，大彻大悟，如获至宝，潜移默化中也改变了自己的治学方向，从辞章创作转变成义理研究。毋庸置疑，在这个转变的过程中，罗从彦起着十分重要的作用，特别是这篇《韦斋记》，对朱松的影响巨大。罗从彦在《韦斋记》中不但把自己对《中庸》和《大学》的研读心得无私地奉献出来，还把自己学步孔门、修德成道的高要求与朱松一同分享。

“韦斋旧治”碑

《韦斋记》大有深意，被朱熹视作传家宝，乾道七年（1171年），朱熹回尤溪，探访过其父朱松任尤溪县尉时所住的衙署后，特意将此文抄录一遍，并请时任尤溪县县令石墪作《韦斋记跋》，并于庆元五年（1199年）端午“藏之家庙，以示子孙”。李侗也十分赞赏《韦斋记》，认为“肫肫其仁，渊渊其渊，浩浩其天”三句，乃是“体认到此，达天德之效处。就喜怒哀乐未发处存养，至此气象尽，有地位也”。

据《韦斋记跋》所言，韦斋在宣和六年（1124年）经历了一场“兵火”，后被改作他用，乾道七年朱熹回访尤溪时，再到韦斋旧址，只剩一小屋而已。令人欣慰的是，小屋的风景也不一般，可登高远望、驻足遐想。如今仅存“韦斋旧治”石碑。

清黄宗羲著《宋元学案·豫章学案》显示，罗从彦与朱熹之间的学术传承是双线的。事实也是如此，罗从彦传学于李侗和朱松。朱熹、罗博文、刘嘉誉三人又从学于李侗，同时朱熹又直接从其父朱松的“家学”中汲取营养。所以，朱熹的师承关系应是以下两种：一方面是理学的传统观点，即杨时—罗从彦—李侗—朱熹；另一方面则是杨时—罗从彦—朱松—朱熹。

以年龄论，罗从彦逝世时朱熹还只是5岁的幼童，他们不可能有直接的交集，但稍加辨析会发现他们的学术思想是一脉相承的。一是朱熹的理气论与杨时、罗从彦的“事天”（遵循天理，遵从自然）理论多有相通；二是朱熹的心性论与罗从彦的修养论“静中体验未发”多有共性；三是朱熹的“正君心是根本”的观点与罗从彦的“君心正，天下正”的观点血脉相连；四是罗从彦的《遵尧录》与朱熹的《八朝名臣言行录》紧密关涉，《遵尧录》充分表达了罗从彦的政治观，这些政治观自洛学传入；《八朝名臣言行录》与《遵尧录》的编撰体例大致相同，虽然朱熹是以“有补世教”、培养良好士大夫作为编撰目的，但其最终目的却与《遵尧录》一样，直指致君尧舜的政治目的，且《八朝名臣言行录》与《遵尧录》都是以臣子“守格法行故事，竭尽公忠”作为各位“传主”的主要内容。

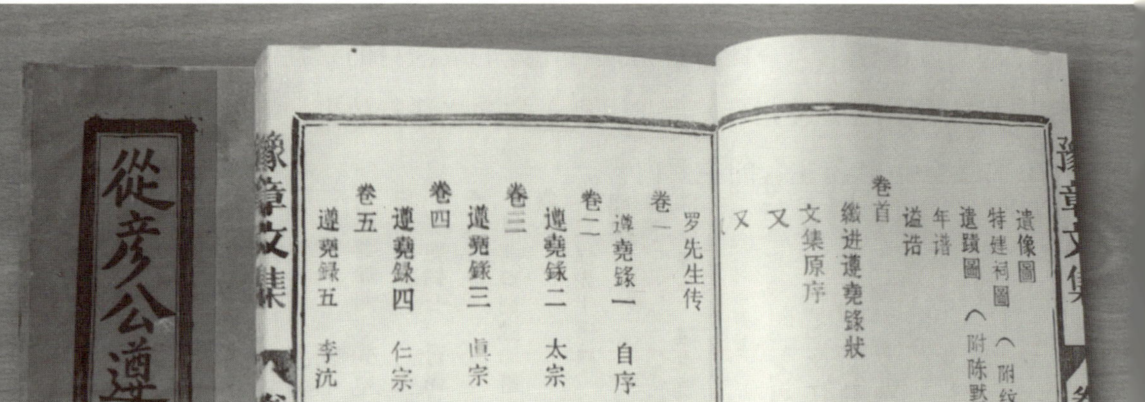
從彦公遵堯錄
下集
豫章文集
卷二
目録
十三
罗先生传
国朝沈涵
卷一
遵堯録一 自序 太祖
卷二
遵堯録二 太宗
卷三
遵堯録三 真宗
卷四
遵堯録四 仁宗
卷五
遵堯録五 李沆 寇準 王旦 王曾
遺像圖
特建祠圖（附纹山先生祠记）
遺蹟圖（附陈默堂先生題讀書堂壁句）
年谱
谥诰
卷首
缴进遵堯録状
宋刘允濟
文集原序
宋馮夢得
又
元卓说
又
明張泰
又
国朝張伯行

第四章

斯文一脉　万古是师

罗从彦著作颇丰，有《遵尧录》《春秋指归》、诗卷等著作遗世，大部收编入《钦定四库全书》。可惜大多已佚失，现存著作有《罗豫章先生集》和《豫章文集》两种，这些著述涵盖了罗从彦的政治主张、治国之道、道德教化等各种观点，尤以《遵尧录》为代表。

《遵尧录》

靖康元年（1126年）十月，55岁的罗从彦完成了《遵尧录》，此时的北宋王朝面临严重的内忧外患。钦宗即位后，虽屡下恤民之诏，但都成为一纸空文，未能实行。罗从彦写《遵尧录》的目的就是面对政治的衰败，试图通过恢复尧舜三代之治而改变这种状况。

《遵尧录》全名为《圣宋遵尧录》，共8卷，4万余言，主要记录大宋开国至宣和末年（960—1125）一些“圣君”和“贤臣”的活动和言论，按体例可分为两部分：前4卷主要写宋太祖、太宗、真宗、仁宗四朝皇帝的良言美行，为当今皇上起到借鉴和示范作用。后4卷从李沆、寇准、王旦、王曾、杜衍、韩琦、范仲淹、富弼、司马光、程颢等10位“名辅巨儒”的言行，诠释为人臣者如何忠心报国。中间掺入作者阐明道义、或讽或议的各种“释言”，主要目的是强调“祖宗法度不可废，德泽不可恃”的主张。最后一部分为别录，仅有“司马光论王安石”和“陈瓘论蔡京”两篇。别录采取人物评论的方式，表达对王安石和蔡京的不满。

《遵尧录》的编排形式较为统一，采取的是先介绍人物的言行，然后罗从彦发表“释言”的方式。释言为议论体，分两种类型：一是“臣从彦释”，计32条，主要是罗从彦对人物言行的解释；另一种是“臣从彦辩微曰”，计24条，是罗从彦对人物的言行发表见解，见解多持批评态度。

罗从彦写《遵尧录》耗费了3年时间，从宣和六年（1124年）开始到靖康元年（1126年）完成。靖康初年乃钦宗主政期，宋朝已历太祖、太宗、真宗、仁宗、英宗、神宗、哲宗、徽宗8位皇帝。然而《遵尧录》论述的皇帝只有太祖、太宗、真宗、仁宗4位，说明罗从彦只认可前4位皇帝的主政成绩，认同他们创造的宋朝基本制度。对钦宗以及后世皇帝则寄予希望，希望他们能以太祖、太宗、真宗、仁宗4位皇帝为典范，治国安天下。

靖康元年（1126年）年底，罗从彦自作《遵尧录》序文，与书一起，希望上呈皇帝阅读。不巧的是，靖康二年（1127年）四月，宋朝遭遇“国难”（靖康之变），《遵尧录》没有送成，留下遗憾。

嘉定七年（1214年），南剑州知州事刘允济有感于《遵尧录》“道术精粹，议论正平”，决意要将这篇尘封了89年的巨著向朝廷推荐敬献，为此他还专门写了一篇《缴进遵尧录状》，

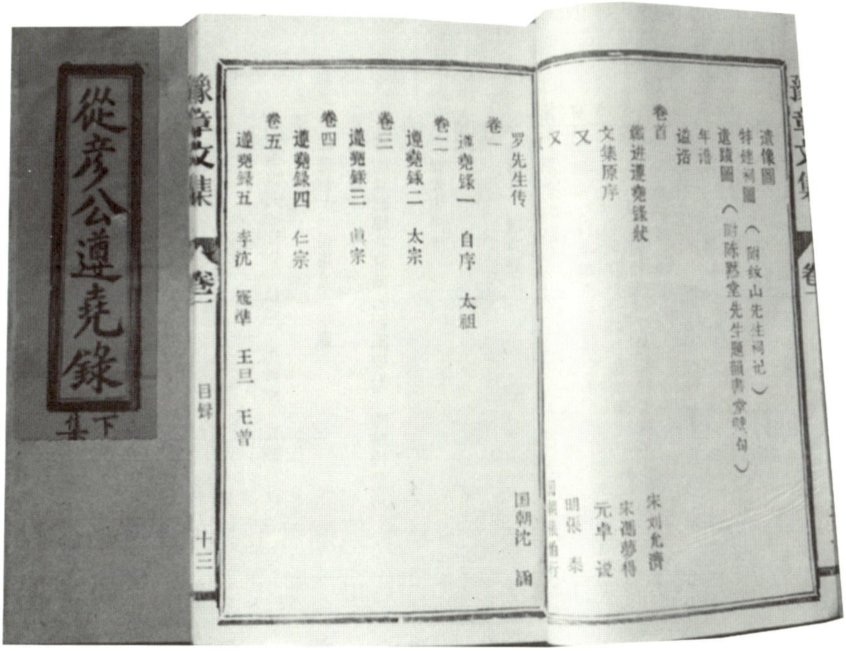

《遵尧录》

他在奏状里评述说：“大抵以我国家一祖开基，列圣继统，纲正目举，无汉唐杂霸之未醇。君圣臣贤，若舜禹遵尧而不变。备述太宗凡边防事机之重，尽守规模。复言仁祖承封祀宫室之余，益加恭俭，揄扬丕宪，推本深仁，大而郊庙宫掖之严，次而朝廷郡国之政。或释言，以极发明之旨；或辨微，以寓讽谏之诚。末陈元丰间改制之因，皆自王安石作俑之过，管心鞅法，创为功利之图，章倡蔡随，浸兆裔夷之侮……”刘允济极力推崇《遵尧录》，终获朝廷认可。

《遵尧录》是罗从彦著述中的代表作，其主旨想通过论述“祖宗故事”“祖宗法度”“祖宗家法”，从而达到“法祖”的目的。通俗地说，“遵尧”就是遵从尧舜禹汤之治，反对霸道。南宋大收藏家、目录学家陈振孙对《遵尧录》的成书时间、内容体例、出版刊行等问题阐述得颇为详尽：“从彦当靖康初，以为本朝之祸，起于熙、丰不遵祖宗故实，故采四朝事为此录，又李沆、寇准、王旦、王曾、杜衍、韩琦、范仲淹、富弼、司马光、程颢名辅巨儒十人言行附于其后。末有《别录》一卷，专载司马光论王安石、陈瓘论蔡京奏疏。欲上之朝，不果。嘉定中，太守刘允济得其书奏之，且为版行。”

治国之道

自正君心，忠义为本。罗从彦强调君王首先要自正君心。他说：“人君者，天下之表。若自心正，则天下正矣，自心邪曲，何以正天下？”君王是天下的表率。在君主专制的社会里，君王个人素质的高低关系到国家的安危与存亡，因为君王享有至高无上的权力。正君心是首要的，君心正，其行正。君正就可以正朝廷，朝廷正就可以正百官，百官正就可以正天下。反之，君心邪曲，则天下都将效尤。罗从彦又说："天下之变，不起于四方，而起于朝廷。譬如人之伤气，则寒暑易侵，木之伤心，则风雨易折。故内有李林甫之奸，则外有禄山之乱，内有卢杞之邪，则外有朱泚之叛。"君心自正，朝廷亦正，朝廷不正，祸乱就起。朝廷是国家政治、权力的核心，内有奸邪，外必然会有叛乱。"林甫之奸""禄山之乱""卢杞之邪""朱泚之叛"，追根溯源是朝廷不正的结果，最直接的表象是唐玄宗君心不正，专宠杨贵妃。

罗从彦认为"自正君心"的一个重要手段是限制自己的嗜好。他说："人君当淡而无欲，不使嗜好形于外，则奸邪无自入焉，可谓善矣。夫嗜好者，人情之所不能免也。"既然嗜好是人情所不能免的，那么君王对待个人嗜好的态度就很关键，应正确对待个人嗜好，避免奸邪小人投其所好而使奸邪得逞。所以，"君心"应该立场坚定，淡然无欲。

君心正，百官也要正。立朝做官要以正直与忠厚为本，二者不可偏废。罗从彦说："士之立朝，要以正直忠厚为本。正直则朝廷无过失，忠厚则天下无嗟怨，二者不可偏也。一于正直而不忠厚，则渐入于刻；一于忠厚而不正直，则流入于懦。"指出正直而不忠厚，会渐渐刻薄，忠厚而不正直，会流于懦弱。

罗从彦认为出仕做官，既要讲忠义，又要讲名节。他把名节放到立身之本的高度上来认识，前所未有，意义非凡。正直忠厚是为官之本，名节忠义是立身之本，重视名节是中华民族优良的传统道德之一。罗从彦说："士之立身，要以名节忠义为本。

有名节，则不枉道以求进，有忠义，则不固宠以欺君矣。”通过违背正道以求加官晋爵、为邀宠而欺上瞒下，这些现象以前有，现在也同样有。所以，忠义之臣要随时箴规、戒正君王。如此作为，既尽臣子的义务，又行忠义的手段，更是“名节保洁”的重要途径。

修己爱民，从谏如流。罗从彦认为君王除“正心”之外，要自我“修身”，“正心修身”是古今君王执政必须坚持的真理。他又举例说太祖睡觉时，令人把自己卧室房门全部打开，太祖如此开放透明的表现，让君臣之间不会隔绝蒙蔽，所以太祖主政时广开言路，下情上传，沟通顺畅，百姓怡乐，这些与尧舜治国之道是同一个道理。罗从彦还认为君王在“修己自正”的同时还要随时提醒自己“爱民”，要懂得民众是巩固皇权的基础。强调“民为邦本，本固邦宁”。他批判的锋芒直指宋徽宗之流穷奢极欲的行为，高度赞扬了宋太祖用军粮救济灾民等举动。

罗从彦主张君王要诚意纳谏。“知错能改，善莫大焉”，平民如此，君王也如此。犯了错并不可怕，只怕一错再错，及时改正就是好事。罗从彦举例说，一次太祖在后花园持弓弹雀，有臣子要急奏。太祖一看事情并非那么紧急，便怒斥来人。奏事臣回应：“总比弹雀要紧吧？”结果被他打落两颗牙齿。臣子捡起被打落的牙齿放进口袋，太祖说：“莫非你想以此来控告朕？”答：“不敢，自有史官记载。”太祖事后气消了，反思自己的过失，反而犒赏了这位臣子。罗从彦认为，君王有过错，臣子就不应该沉默，即使仅是一句“自有史官记载”，也是对君王的一次提醒。

金科玉律，赏罚分明。罗从彦说：“朝廷立法不可不严，有司行法不可不恕；不严则不足以禁天下之恶；不恕则不足以通天下之情。”立法要严，以禁止天下之恶；行法要恕，以通天下之情，严恕并施，相辅相成。换一句话说是“朝廷大奸不可容，朋友小过不可不容。若容大奸，必乱天下，不容小过，则无全人”。处理大奸要严，对待小过要恕，张弛有度，有的放矢。

罗从彦主张君王应赏罚分明。他说：“赏罚者，人主之大柄也。赏所以劝功，罚所以惩罪，天下共之。太祖时，臣僚有功当进官，此天下之大公也。帝不喜其人欲勿进，此蔽于私者也。”赏赐是对有功之人的激励，处罚是对罪恶之人的惩治。君王掌握着赏罚大权，要做到一视同仁。不要因为不喜欢某人就不给他升官进职的机会。这方面太祖做得好，他大公无私，赏罚分明，不因个人好恶委任臣子的职位，而是以“功”或“过”封爵或惩罚。

德才兼备，知人善任。罗从彦认为君王必须讲究用人之术，要知人善任，选拔任用德才兼备之人。他提出了三条用人原则：一是在德才的关系上，主张把德的考量放在第一位，反对“贪人之才，而不究其德”，赞同“古之用人，以德器为先，才大而德不足，只为累耳”。其次，罗从彦强调用人的严肃性和稳定性，应做到疑人不用，用人不疑，提出“人主于宰相，疑则勿任，任则勿疑”。再次，他主张全面考察人才，反对求全责备，并指出“尺有所短，寸有所长”，“人才各有所用，自非大贤不可责备”。

在知人善任方面，罗从彦主张“近君子，远小人”。他说：“君子在朝则天下必治，盖君子进则常有乱世之言，使人主多忧而善心生，故天下所以必治；小人在朝天下必乱，盖小人进则常有治世之言，使人主多乐而怠心生，故天下所以必乱。”

朝堂上，君子进言实事求是，不粉饰太平，君主自会客观判断，出良谋以对；小人则阿谀奉承，报喜不报忧，君主就会被蒙蔽，不了解事实真相，长此以往，祸乱必生。所以，坚持“近君子，远小人”的用人原则很重要。罗从彦还强调对人才要长期培养、长期考验，反对在用人问题上急功近利。他还强调“心存至公”，胸襟开阔，要善于与不同意见者合作共事。此外，他还强调君王必须多听取他人的意见，广开言路，要通过各种方式获取最真实的信息。在处理君臣关系上，他则主张“君臣一体”“上下交修”。

追根溯源，罗从彦的政治观是时代的产物，它形成于徽、钦二帝统治下的极端腐朽黑暗的年代，表现了早期理学家对国家命运和民生疾苦的关注，具有一定的进步性。同时，为了“天下国家”的“安危治乱，是非得失”，罗从彦孜孜以求“至当之论、至正之理”，体现了他的高尚的道德情操。

罗从彦的治国理论所表达的是“内圣外王”的圣人品质，体现出忧患意识与担当精神，即便在物质高度发达的今天同样不可或缺。

仁义兼隆

《遵尧录》的核心是“仁”的儒学思想。罗从彦说：“仁义者，人主之术也。一于仁，天下爱之而不知畏；一于义，天下畏之而不知爱；三代之主，仁义兼隆，所以享国至于长久。”罗从彦把“仁”理解为“爱”，“义”理解为“畏”。仁义作为君王的治国方法，专一于仁或专一于义，都是一种偏颇，就会发生“爱而不知畏”或“畏而不知爱”的弊病。只有像三代圣主一样，做到仁义兼隆，才可以享国长久。罗从彦又说："仁义所以治天下之本，而纣皆残贼之，遂失天下。观德宗之恶，讵止于贼仁义哉，社稷不亡幸矣。"用孟子的话来解释就是"贼仁者谓之贼，贼义者谓之残"，商纣王之类的君主就是属于"残贼之人"，所以他们丢了天下。从这个意义上来说，仁义为治天下之本。

就个人而言，仁义又是立身之本。罗从彦说："仁义礼智，所以为立身之本，而缺一不可。故孟子以恻隐之心，为仁之端，而无恻隐之心，则非人；以羞恶之心，为义之端，而无羞恶之心，则非人；以辞让之心，为礼之端，而无辞让之心，则非人；以是非之心，为智之端，而无是非之人，则非人。"他把孟子的"四端"具体化，并以宰相李林甫举例说那时"在廷之人，皆非人也"。搜刮民财，无恻隐之心；附和宦官，无羞恶之心；势利相倾，无辞让之心；上下雷同，无是非之心。罗从彦认为人具有"仁义礼智"四端，"恻隐、羞涩、辞让、是非"四心，才是"人之所以为人"，否则便是与禽兽没有区别的奸佞小人。在罗从彦的眼中，"仁"是最根本的，而"义"则是"仁"在实践中的体现，是人们将"仁"实施于现实的结果。懂得仁义这种关系的人，就是"智者"。

对个人立身之法，罗从彦提出内要进行"仁义礼智"的道德修养，外要坚持"德威并用"的行事原则。罗从彦说："人之立身，可常行者在德，不可常行者在威。盖德则感人也深，而百世不忘，威则格人也浅，而一时所畏。然德与威，不可偏废也。常使德胜威，则不失其为忠厚之士；苟威胜德，则未免为锻炼之流。"

罗从彦认为"求道明道"是个人道德修养的目标，为此首

先要参透“周孔之心”。他在《论士行》中说道：“周孔之心，使人明道，学者果能明道，则周孔之心，深自得之。上世人才，惟能如是，故视死生去就，如寒暑昼夜之移，而忠义行之者易。至汉董仲舒、公孙弘倡言经术，唐韩愈、柳宗元诗尚古文，二旨渐失周孔之心。于是明道者寡，故视死生去就，如万钧九鼎之重，而忠义行之者难。其议论醇正类此。”这段话的意思是：一个人忠义品德的养成，不是一蹴而就的，他首先要自省参悟“周孔之心”，之后才能“明道”，内心“明道”，言行才“有理可依”，方可行诸忠义。这是一个克己复礼的修身过程，正如《大学》所言：“知止而后有定，定而后能静，静而后能安，安而后能虑，虑而后能得”。所以说，由心至行其实就是心性修养到忠义品德行动的过程。罗从彦还举例说，汉、唐时期董、韩等人崇尚经术、古文，不去体察认识周孔之心，明道的人就很少。那些把死生去就看得比万钧九鼎还重的人，就会陷入个人私利中，是很难具备忠义品德的。

“三爱”教化

道德教化也是罗从彦道德观中极其重要的内容。他说：“教化者，朝廷之先务；廉耻者，士人之美节；风俗者，天下之大事。朝廷有教化，则士人有廉耻。士人有廉耻，则天下有风俗。或朝廷不务教化，而责士人之廉耻；士人不尚廉耻，而望风俗而美，其可得乎？”他把朝廷的道德教化、士人的廉耻观念和天下百姓醇美的民风民俗有机地联系起来，突出朝廷道德教化的根本地位，强调其重要性。朝廷有教化，士人才有廉耻，士人尚廉耻，才能自觉地引领良好的社会风气。

罗从彦极力推崇爱君、爱国、爱民的“三爱”教化道德观。他说：“立朝之士，当爱君如爱父，爱国如爱家，爱民如爱子，然三者，未尝不相赖也。凡人爱君则必爱国，爱国则必爱民，未有以君为心而不以民为心者。故范希文谓‘居庙堂之高则忧其民，处江湖之远则忧其君。’”罗从彦把“君”和“父”、“国”和“家”、“民”和“子”统一在一起，丰富了“爱国”的内涵，实属难能可贵。他还提出君王要以父母为天下，尊重父母，将爱国、爱天下具体化为孝敬父母，这是他“爱国如家”理念的深入。还有一层意思，就是强调不论父母如何，子女都应尽孝。

罗从彦的“三爱”教化似乎仅仅针对“立朝之士”而言，与他人无关，其实不然。就他本人而言，他活了64岁，直到61岁时才因特奏进士而担任了3年的博罗县主簿，一辈子大部分时间都是布衣寒士。主簿是个小官，所以基本可以确定罗从彦也不属于他自己所说的“立朝之士”。但就是这位一直都处在“江湖之远”的闽学先驱，其忧国忧民、忠君爱国的意识比起那些“在朝之士”来说，可谓有过之而无不及。

罗从彦的“三爱”教化道德观与范仲淹的“先忧天下”有异曲同工之妙，心怀天下，忧国忧民，鞠躬尽瘁，大爱熙盛。若从君王到“立朝之士”，再扩展到普通市民，各自恪守道德规范，各安其位，各司其职，岂不是清明盛世?

宋代罗大经撰著的《鹤林玉露》中记载，罗从彦旅居江西驿馆，曾经题写12个字：“愿天常生好人，愿人常做善事。”在罗从彦生活的那个时代，这或许只能当作一个理想，但却也透露出罗从彦的“大爱”情怀。或许只有像罗从彦这样的理学大家，内心才可能修炼到如此的高度。

主静为宗

在修养论上，罗从彦强调“以主静为宗”，即“于静中体验未发”，那么他是如何体验的呢？李侗回忆说，罗从彦极好静坐，经常一坐就是一整天，除了讨论时只言片语，从不说废话，即便李侗暂时有不理解的地方，罗从彦也不立即挑明，而先让他回屋静坐思考，体验“静中喜怒哀乐未发”的状态。

在罗从彦眼中，静坐不仅是“体验未发”的一种方法，更是一种收敛心性、探索本源、洞见道体的手段。通过探寻事物变化的前后状况，从纵向发展的角度分析事物，以此体认事物变化的规律，研究事物的根源，这的确是“进学”的一种捷径。

李侗一开始对罗从彦的“静坐”不甚理解，后来幡然醒悟，“盖心下热闹，如何看得道理出，须是静方看得出。”俗话说“心静自然凉”“理在静中求”，内心烦乱的时候是难以体验出“道理”的。李侗体悟了罗从彦“静中体验未发”之后，最终总结说：“所谓静坐，只是打叠得心下无事，则道理始出，道理既出，心下愈明净矣。”静坐可以排除心里的热闹，使心处于空闲无事的状态，产生无物欲杂念的空明心境，专心体道。找一个僻静的地方，静下心来，好好思考，抛弃一切杂念，不受外界任何干扰，专心致志研究学问，才能悟出事物的规律。正是因为罗从彦真正体会了“静中体验”的要领，才能“筑室罗浮山中，绝意仕进，终日端坐，以体验天地万物之理”。所以说，“静中体验”是一种以身体之、以心验之的直觉思维，它超越“书言象意之表”，而直指未发的状态和道体的本真。

罗从彦“静中体验未发”实是为了养心，养心是为了观理，观理是为了明理。“静处观心尘不染，闲中稽古意尤深。周诚程敬应粗会，奥理休从此外寻。”心中一尘不染，闲中体验天地万物之理，方可进入一种“彩笔画空空不染，利刀割水水无痕。人心但得如空水，与物自然无怨恩”的境界。养心必须从心意的本源处入手，摈弃恶念，克治私欲，回归人性固有的状态，才可能“发而中节”。端正身心，从探究古代圣贤的思想与学问出发，循天地万物之理，都是古代学者追求的境界。“理”是宋明理学的最高范畴，既是宇宙的终极根源，又是人性的本质根源。“观理”是通过对道德主体的把控，适度合理地进行道德活动，“明理”则是“观理”的具体实践。

从“养心”到“明理”，概括起来就是指一种使心进入超越一切言象和情感的潜意识，即在“空”的状态下会出现一种在自觉意识控制下无法想象的内心感受，以致突发或豁然有悟而与天地万物融为一体，或得到“与物自然无怨恩”的超然体悟。

检索先秦儒学至宋明理学的发展史，“静中体验未发”“静中体验”“静中养心”“静中观理”就一直没有中断过。孔子的“默而识之”，孟子的“善养吾浩然之气”，道家“吾以观复”“致虚极、守静笃”的涵养功夫，都与之相关。北宋五子中，程颢、邵雍常教人“从容涵泳”的学习态度，周敦颐、张载、程颐都喜欢静坐。杨时虽没有倡导一定要静坐，却主张“幽闲静一”，教罗从彦“以身体之，以心验之，从容默会于幽闲静一之中，超然自得于书言象意之表”的读书之法。罗从彦又尤好静坐治学，善于“于静中体验喜怒哀乐未发之时作何气象”。李侗更是喜好“默坐澄心，体认天理”。朱熹虽不宣扬静坐，自己却也是“半日静坐，半日读书”。

以诗寓理

《豫章文集》收录罗从彦的诗歌不多，但其中有一些不乏哲理，或情趣交融的佳作。

《观书有感》

静处观心尘不染，闲中稽古意尤深。

周诚程敬应粗会，奥理休从此外寻。

稽古，指探究古代圣贤的思想与学问。“周诚程敬”，“周”指周敦颐，“程”指程颐。“周子之学，以诚为本”，故曰“周诚”；伊川“只用敬，不用静”，故曰“程敬”。静下心来，拒绝外界的吵嚷与喧嚣，专心致志地研究学问，体会会更加深刻。

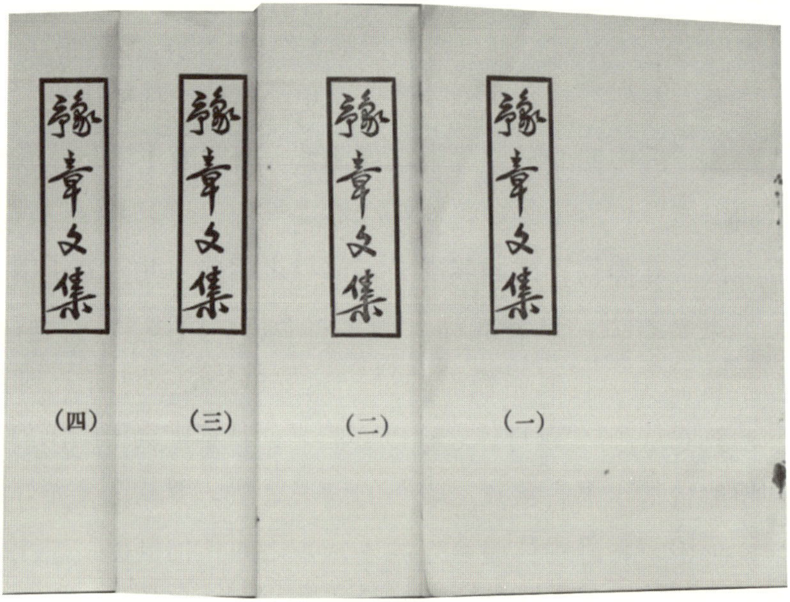

《豫章文集》

那些关于宇宙人生的道理，都是静处默思中得来的。除此以外，没有其他途径。

《自警》

性地栽培恐易芜，是非理欲谨于初。

孔颜乐地非难造，好读诚明静定书。

性地，就是性情。“孔颜乐地”，也叫孔颜乐处。孔，指孔子，颜，是颜回。一个人在贫寒的处境中，只要拥有较高的精神境界，也会有快乐的心境和幸福的生活。显然，这份快乐幸福不是来自物质的享受，而是因为精神的欢愉。

《示书生》

知行蹊径固非艰，每在操存养性间。

此道悟来随寓见，一毫物欲敢相关。

要想做到知行合一，原本不会很难，关键在于加强自身的道德修养。明白了这个道理，就能洞悉身边的一切，不会被事物的表象和人的欲望所迷惑。这首诗集中体现了罗从彦的道德修养观。

《邀月台》

矮作垣墙小作台，时邀明月写襟怀。

夜深独有长庚伴，不许庸人取次来。

邀月台系一块巨石，高5米，顶上可以容纳20多人，是沙县淘金山的著名景点。长庚是金星的别名。一块矮墙一般的石头，平平展展，如同一张大桌台。站在石头上，皎洁的月光沐浴着身体，也轻轻洗去内心的尘埃。夜深了，身边山风徐徐，天上繁星点点，如此宁静美好的世界，又怎能让那些凡夫俗子前来打扰和破坏？这是罗从彦难得的写景抒情之作，整首诗情景交融，既营造了一个澄澈宁静的优美环境，又表达了自己高蹈出尘、不愿与世俗之人为伍的情怀。

邀月台

需要说明的是，《延平问答》载录说《邀月台》诗末尾有李侗的批注，说明此诗末尾两句曾被罗、李二人改为“也知邻斗非吾事，且把行藏付酒杯”。靖康元年（1126年），宋朝政治腐败，内忧外患，主战派力量遭受排挤与打压。即便面对如此美景，罗、李师徒二人情不自禁地产生了襟怀难抒的无限感伤，只好暂以“邻人争斗，与己无关，只管喝酒”为借口，自我解嘲。

《题一钵庵》

可怜萱草信无忧，谁谓幽兰解结愁。

欲得寸田断荆棘，只消长伴赤松游。

萱草，别名黄花菜、忘忧草。赤松，又名赤松子。萱草无忧无虑，所以常常“忘忧”，其实幽兰小草仅仅只是植物而已，又怎么能够解除人世间的愁苦？想要一分的收获也需要十分的努力。

就好比想要彻底斩断心田上尘世的荆棘，就得在学仙的道路上刻苦修炼。《题一钵庵》与罗从彦以往的诗歌不同，明显带有飘逸空灵的仙风道骨，以及“长伴赤松游”的浪漫主义色彩。

《送延年行》

圣言天远海潭潭，独在潜心久泳涵。
猥念百家非己好，妄将一贯与君谈。
贤如赐也才知二，学若陈亢只得三。
此道悮来因自足，却随鹏鸟话图南。

这是一首赠别诗，赠别的对象是罗从彦钟爱的弟子李延年。诗中鼓励弟子要专心致志、痴心不渝。谆谆告诫弟子，百花齐放众人念，一家之言莫妄谈；贤德才干修炼得跟子贡一样，也只算发挥个人才智一两点，学问做到陈亢的地步也只算达到十分之三；理无专在，学无止境，骄傲自满从来都要耽误事；戒骄戒躁，虚怀若谷，才可能大鹏展翅，志存高远。情真意切，溢于言表。当年李延年考入太学“上舍”，辞别时特作《上舍辞归》致恩师罗从彦，请教“过庭若问论诗礼，应问从谁学指南？”罗从彦作《送延年行》《再用韵送延年》两首和答之。诗中情真意切，鼓励弟子勤勉、专注、谦虚、修身、自省。

一道清白之氣不可不培葢
田宅雖廣遺之數十代亦亡孰
世世可以習讀不朽又孰若靈
可以受用不窮登堂者各宜猛
若父母能孝尊長能敬乃百行

第五章

忠义名节　诗书传家

罗从彦主张忠厚是为官之本，名节是立身之基。即使一时无法出仕做官，名节忠义同样要恪守。他不但自我约束、身体力行，还言传身教，以身作则，要求子女亲属也要做到。

《诲子侄文》

《豫章文集》收录有一篇罗从彦撰写的《诲子侄文》。文曰：

东邻有千条家，子孙不肖，博弈饮酒，驰马试剑，挟弹持弩，与群小为伍，见士人则逃遁。西邻有百贯家，子孙不羞里巷，不顾父母，日复如是。诸子前行，路人肉杖之。曰：“为人子孙，固如是乎？”二家之长，一日聚议曰：“吾二家子孙，不肖如是之深。治之，恐伤骨肉之情；不治之，则恐败先君之业。若之何而为是乎？”旁有客曰：“此乃至愚至贱之徒，终遭刑责而后已。吾将拉汝二人，访诸南邻万斛之丈人，请问训子孙之术矣。”

南邻万斛之家数十人，入孝出悌，文行忠信。口不绝吟于六艺之文，手不停披于百家之篇。闺门之内，肃肃如也。闺门之外，雍雍如也。君之子孙如是，夫何为而至是也？南邻万斛丈人曰：“吾之诲子孙也，非鞭非笞，非诟非骂，但写唐文人杜牧示小侄阿宜二句，又写本朝宰执诸公仿杜牧示侄联句，又写范文正公家训题东轩壁句，时人谓之东壁句，吾将示之，仿效写于东壁，示子孙尤佳。”东西二丈曰：“敬闻命矣”，愿将本以写于壁焉。

杜牧曰：“愿汝出门去，取官如驱羊。”

富郑公曰："愿汝出门去，锦绣归故乡。"

韩魏公曰："愿汝出门去，早早拜员郎。"

范文正曰："愿汝出门去，翰林著文章。"

曾公亮曰："愿汝出门去，锦绣为肝肠。"

陈了斋曰："愿汝出门去，柱石镇岩廊。"

真德秀曰："愿汝出门去，德行重八方。"

后苏东坡打诨示子苏迈曰："愿汝出门去，勿玷辱爷娘。"

罗古人即仲素先生也，族有不肖子数人，撰此以勉之！况其亲子弟乎？此见仲素先生仁也。故曰："仁者之言其利溥哉。"族人罗绰敬跋。

罗仲素先生无书不读，深造圣经之奥旨。有志于学，无志于仕。不求人知之，人自知之。远近之士，闻风慕道，踵迹而前，肩摩而袂属也。予尝得其诲子弟文藏之，以为家宝。今镂板以广其传，幸观览者，诵其文而究其义，师其言而尊其人。为尊长者劝焉，为子弟者勉焉。其有补于风教岂细也哉！传有之曰：君子之言，信而有征，其先生之谓乎！然则信斯言也，宜书诸绅。隆兴元年六月十五日，左奉议郎致仕赐绯鱼袋孙大中敬跋。

这篇《诲子侄文》夹叙夹议，声情并茂，层层递进，娓娓道来，文字朴素，是罗从彦议论文的代表，目的是劝诫告勉罗氏子孙。与一般的"策论"不同，罗从彦在这篇文章中没有枯燥烦琐地说教，而是摆事实，讲道理，有理有据，令人信服。

罗从彦先从“东邻西邻”两家不肖子的故事说起。东邻家拥“千条”，家道富裕，子孙却不肖，经常赌博酗酒，骑马舞剑，玩枪弄棒，不务正业，与那些不思进取的小人为伍，见到有文化的读书人就远远避开。西邻家有“百贯”，家境殷实，子孙却常常干坏事，不顾礼义廉耻，不顾父母颜面，无视乡邻议论，日复一日，无心改正，以致行走路上时，时常会有人用棍棒追打他们。

有一天，两家的家长聚在一起商议，说：我们两家子孙如此不肖，本该狠狠惩治他们，然而惩治他们，怕伤了骨肉之情；不惩治呢，又怕败了祖先家业、辱没祖宗，应该如何是好？旁边有一位客官说：你们的子孙真的是愚钝、作践到极点，长此以往，终将遭受刑法处置，我介绍你们到南邻去，拜访一下家有“万斛”的老人，请教他教育子孙的方法。南邻家富贵，年入“万斛”，一家数十口，人人入孝出悌，行文做事以“忠信”为主旨，嘴里吟诵“六经”不中断，手捧“诸子百家”阅读不停歇，居家内，尊老爱幼，井然有序；居家外，从容大方，彬彬有礼，言行一致，君子风度。如果你们像他们那样教育子孙，哪里会发展到今天这般地步？

南邻万斛老人说：我教育子孙的方法，不用鞭子抽不用竹板打，不挖苦不讽刺不骂人，只是抄录唐代文人杜牧写给其侄儿阿宜的两句话，又抄录本朝当权诸公仿效杜牧示侄联句，并抄录范仲淹文正公家训“题东轩壁句”，也就是时下人所说的“东壁句”。我仿效抄录它们，题写在自家东壁上，用它们来教育子孙，效果相当好。

于是，东、西邻两位家长说：敬闻高见，请赐稿本，我们也将抄写在墙壁上。

杜牧对子孙说："希望你们出门去，取官和赶羊一样容易。"富郑公（富弼）对子孙说："希望你们出门去，能够衣锦还乡。"韩魏公（韩琦）对子孙说："希望你们出门去，早日封官晋爵。"范文正（范仲淹）对子孙说："希望你们出门去，考取功名，著翰林文章。"曾公亮对子孙说："希望你们出门去，像爱护肝肠一样珍惜锦绣前程。"陈了斋（陈瓘）对子孙说："希望你们出门去，做一根镇岩廊的柱石。"真德秀说："希望你们出门去，德行第一，名震八方。"后来苏东坡对儿子苏迈开玩笑说："希望你出门去，不要玷污辱没爷娘的名声。"

罗从彦用东、西邻不肖子孙为鉴，用南邻子孙"入孝出悌，文行忠信，口不绝吟于六艺之文，手不停披于百家之篇"为榜样，借万斛老人之口，表达他的教育思想：注重正面教育、榜样教育。借用名人效应，强烈表达他的价值取向和对子孙的殷切期望。

即便在今天，重读罗从彦的《诲子侄文》，仍有现实教育意义。固然，当官可以"光宗耀祖"，"德行重八方"也可以"光宗耀祖"。如果不能做到"光宗耀祖"，其实当个平民百姓也不差，只须牢记一点，起码不能辱没祖宗、玷辱爷娘。

《诲子侄文》除了正文外，末尾附有两个"跋"。一是族人罗绰所撰，说明罗从彦写这篇文章的原因是"为了诫勉族中不肖子数人"，赞罗从彦之言乃"仁者之言"，益处多多。另一跋为左奉议郎孙大中所撰，先对罗从彦生平加以评述，后写得到

《诲子侄文》后的惊喜，“藏之以为家宝”，并雕刻在木板上广为传阅。

《诲子侄文》中出现了南宋理学家真德秀说的“愿汝出门去，德行重八方”。以时间推算，真德秀出生在淳熙五年（1178年），当时罗从彦已逝世43年，他是不可能把这段话编写入文的，唯一合理的解释是后人在整理抄录《诲子侄文》时，作了“善意添加”。

诗书传家

罗从彦身为一名理学大儒，自然明白教育和读书的重要性。读书可开智、读书可明理、读书可修身、读书可兴家、读书可荣身、读书可耀祖。罗从彦曾在罗氏家族书堂壁上写下一段话：

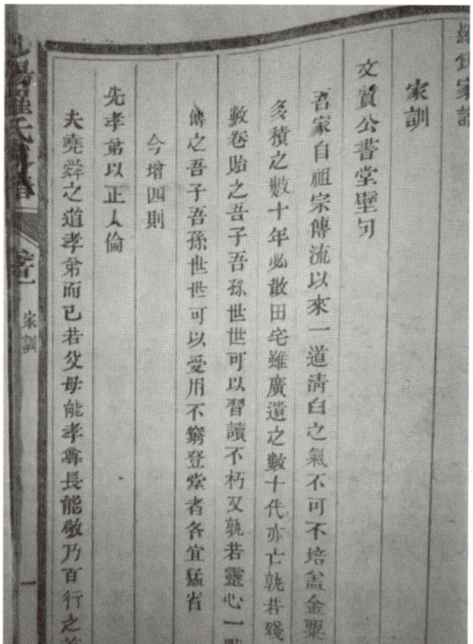

家訓

文質公書堂壁句

吾家自祖宗傳流以來一道清白之氣不可不培盖金帛雖多積之數十年必散田宅雖廣遺之數十代亦亡孰若殘書數卷貽之吾子吾孫世世可以習讀不朽又孰若靈心一點傳之吾子吾孫世世可以受用不窮登堂者各宜猛省

今増四則

先孝弟以正人倫

夫堯舜之道孝弟而已若父母能孝尊長能敬乃百行之首

罗从彦题堂壁句

吾家自祖宗流传以来，一道清白之气不可不培，盖金帛虽多，积数十年必散；田宇虽广，遗数十代亦亡。孰若残书数卷，贻之吾子吾孙，世世可以习之不朽；又孰若灵心一点，传之吾子吾孙，可以受用不尽。登斯堂者，各宜猛省。

这段话的意思显而易见，浅显明了。其主要功用是对新入学罗氏弟子的一种劝诫，同时也是“诗书传家”主张的一种具体体现。其实，罗氏后人更愿意把它看作是一种宣言、一种传承、一种财富。这种视数卷旧书价值远高于金山银山的儒家思想，是罗从彦教诲子孙的主张，也是他人格魅力的写照，更是他留给豫章罗氏后裔的精神遗产。

熱烈歡迎臺灣賴羅傳宗親祭祖團
奥學清節高風重九州
潛思力行懿德重八閩

第六章

承前启后　闽学宗师

在“洛学南传”的过程中，罗从彦上学于程颐、杨时，下传于李侗、朱熹，起到了承前启后的关键作用。

南宋理学家真德秀说：“二程之学，龟山得之而南传之豫章罗氏，罗氏传之延平李氏，李氏传之朱氏，此一派也。上蔡传之武夷胡氏，胡氏传其子五峰，五峰传之南轩张氏，此又一派也。若周恭叔、刘元承得之为永嘉之学，其源亦同自出，然惟朱、张之传，最得其宗。”

这段话把二程道学（洛学）的发展脉络讲得很清楚。洛学传播分“三线”并进，一是道南学派：杨时承接于二程，再传至罗从彦，从彦又传给李侗，李传给朱熹。二是湖湘学派：二程洛学经谢良佐传给胡安国，胡安国再传给胡宏，胡宏又传张栻。三是永嘉学派：由周行己、刘安节传至浙东永嘉地区。道南一派至朱熹集其成，湖湘一派至张栻集其成。道南学派是二程道学传承中最得其宗者之一。

道南学派在明初称作闽学。罗从彦在“洛学闽化”的进程中起到“承杨传李启朱”的关键性作用，为福建赢得“道南理窟”“闽邦邹鲁”的赞誉做出了极其重要的贡献。正因此，罗从彦位列“闽学四贤”第二，堪称一代闽学宗师。

“道统南来第二家”

罗从彦“尽心力以事龟山，抠衣待席二十余载、尽得不传之秘”。他在完成《春秋解》《语孟师说》《中庸说》《二程先生语录》等著作的同时，坚持在沙县洞天岩讲学，并先后到杨岩翠云书院、延平儒林阁、莲城冠豸山等地游学，尽心尽力传播二程道学和杨时学术，培育了一批像李侗那样的出类拔萃的弟子，为传播理学和“洛学化闽”殚精竭虑。后来，李侗又向其弟子朱熹传授理学，从而引导和成就了朱熹。

除了返乡守制外，杨时一生中大多数时间在外任官或讲学，在福建的时间并不充裕。罗从彦正好相反，他没有官职所累，直到当上博罗县主簿之前，他一生中大部分的时间都在福建。罗从彦在福建各地的主要“任务”就是讲学倡道。杨时久不在闽，那么“倡道福建”的重任自然落在杨时最得意的弟子罗从彦身上，“洛学化闽”的工作也主要由罗从彦操持。

沙县富口镇荷山村位于富口镇西北部，因其山形似荷花，故名“荷山”。荷山罗氏宗祠的厅上有两副对联：“遵尧录上传千古，吾道南来第二家”和“博士通侯荣世第，豫章理学著名家”。这里“豫章”指罗从彦，《遵尧录》是他的主要著作，罗从彦是闽学鼻祖杨时之后第二人。两副对联诠释得既巧妙又合理。无独有偶，在延平区罗源里罗从彦特祠中也有一副对联：“豫章闽北无双士，道统南来第二家”，也说明罗从彦是杨时之后，闽学名儒第二人。

对于杨、罗师生二人间的道脉相传与学术沿袭，朱熹曾作诗一首，生动概述了其先师杨时与罗从彦薪火相传于二程道学的不朽功绩和志同道合的师生情谊。其诗曰：

龟山之南，道则与俱。
有觉其徒，望门以趋。
唯时豫章，传得其宗。
一箪一瓢，凛然高风。

清代著名学者黄宗羲在《宋元学案·豫章学案》又用“龟山三传得朱子，而其道益光，豫章在及门中最无气焰，而传道卒赖之”来评价罗从彦。在他的眼中，罗从彦是“最无气焰”的老实人，也是杨时门下默默无闻、踏踏实实做学问的弟子，更是杨时学术理论的重要传承人。罗从彦不但是理学文化的承受者、研讨者和过渡者，更是理学文化的重要传承者、扩散者和布道者。

清代浙东学派的重要代表人物，著名的史学家、文学家全祖望说：“豫章之在杨门，所学虽醇，而所得实浅，当在善人、有恒之间。一传为延平则邃矣，再传为晦翁则大矣。”意思是罗从彦从学于杨时，虽然纯正，实属入门，还好罗从彦坚持不懈地学习研究与传道授业，再传至李侗的时候，理论就深邃了，三传至朱熹的时候，影响已经很广泛了。这种评述是中肯的，二程道学能在八闽扎根，并迅速在中华传播，都与罗从彦的执着与努力分不开。

2004年10月，原中共中央政治局委员、空军司令员张廷发将军为沙县豫章贤祠题词“承杨传李启朱”，这6个字充分肯定了罗从彦在理学发展传播中的地位和作用，即“承接杨时，传授李侗，启发朱熹”，也充分体现了罗从彦在“闽学四贤”中担负着重要的纽带作用，称得上真正意义上的“道统南来第二家”。

获谥“文质”

二程门人，以“程门四先生”（谢良佐、游酢、吕大临、杨时）最为著名。二程道学最终经杨、谢二人传播到南方。其中道南一派经杨时奠基，入闽肇始，再经罗从彦的二传，李侗的三传，最后由朱熹集大成。在理学南迁的传承发展中，罗从彦的作用举足轻重。所以，清代学者张伯行称赞说：“先生居三传之中，一脉渊源自然有自，亦如河之由积石历龙门以东注也，其承先启后之功岂不伟哉！”

南宋淳祐六年（1246年）三月十七日，时任福建提刑杨栋上疏请谥罗从彦、李侗两位先生，并以“弟子朱熹已受‘隆礼’，其老师及老师的老师更应该受‘隆礼’”、“不要因为著书少而忽视罗、李二人的理学研究贡献”为由作《请谥罗李先生状》，力陈曰：“独未闻有以推尊其师者，岂以其师著书不多，不若诸人之论述详，而发明广欤。不然，何隆礼于其弟子，而反遗其师也？”后经报送太常博士陈协，撰《谥议》说：“道德博厚曰文，言行相应曰质，师友渊源，洞明天理，非道德博厚乎？清介绝俗，著书有闻，非言行相应乎？请谥先生为‘文质’。”获朝廷许可。淳祐七年（1247年）五月二十四日，奉圣旨，依议，诏赐罗从彦谥“文质”。

“文质”是儒学理论术语，包括“文”与“质”两个方面。最早提出这个概念的是孔子，《论语·雍也》云：“质胜文则野，文胜质则史，文质彬彬，然后君子。”《论语·颜渊》又说：“文，犹质也；质，犹文也。”就一个人的内在品德及言谈举止而言，“文”指外在表现，“质”指道德品质。

从祀孔庙

明万历四十一年（1613年），礼部在福建督学熊尚文的催促下，于当年十二月二十八日令吏部侍郎翁正春、翰林学士孙慎行将朝中多位大臣申议单集中覆议，具题后，于十二月三十日获得同意罗从彦从祀孔庙的圣旨。万历四十二年（1614年）六月，罗从彦与文天祥、诸葛亮、颜真卿等人的牌位一起奉旨进入孔庙，接受祭祀。罗从彦从祀孔庙西庑先儒第十六位，称“罗子从彦”。

“从祀”主要指古代宗庙中常设的次于主祀对象，但又与主祀对象有密切关联的祭祀对象，有“跟从被祭祀”的意思。根据被祀者的身份、贡献和祭祀状态，可以分为“配享”“配祀”“从祀”三个位阶。“配享”是祭祀孔子时陪祀的第一等级，共有4人，即复圣颜回、宗圣曾参、述圣孔伋、亚圣孟轲，通称“四配”。“配祀”是祭祀孔子时陪祀的第二等级，包括

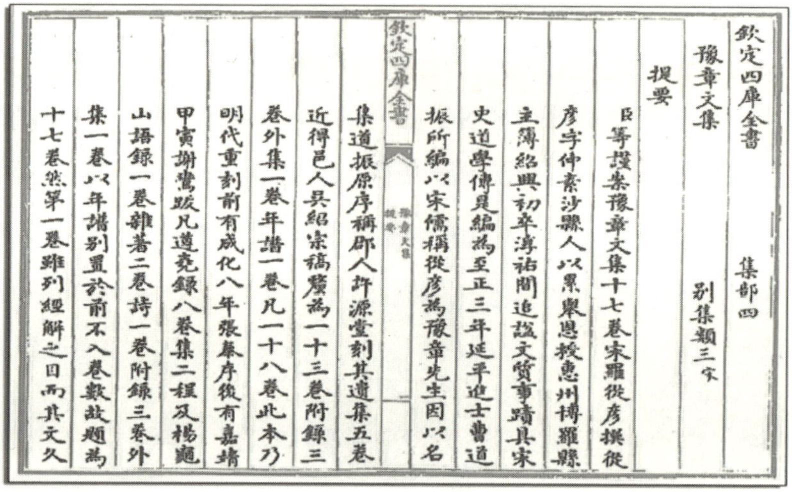

欽定四庫全書　集部四

豫章文集　別集類三宋

提要

臣等謹案豫章文集十七卷宋羅從彥撰從彥字仲素沙縣人以累舉恩授惠州博羅縣主簿紹興初卒淳祐間追謚文質事蹟具宋史道學傳是編爲至正三年延平進士曹道振所編以宋儒稱從彥爲豫章先生因以名

欽定四庫全書　豫章文集　提要

集道振原序稱郡人許源嘗刻其遺集五卷近得邑人吳紹宗稿釐爲一十三卷附錄三卷外集一卷年譜一卷凡一十八卷此本乃明代重刻前有成化八年張泰序後有嘉靖甲寅謝鸞跋凡遵堯錄八卷集二程及楊龜山語錄一卷雜著二卷詩一卷附錄三卷外集一卷以年譜別置於前不入卷數故題爲十七卷然第一卷雖列經解之目而其文久

《豫章文集》入《四库全书》

闵损、冉雍、端木赐、仲由、卜商、有若、冉耕、宰予、冉求、言偃、颛孙师、朱熹等12人，通称“十二哲”。12人中除了宋代的朱熹外，其余都是孔门弟子。“从祀”是祭祀孔子时陪祭的第三等级，包括“先贤”和“先儒”两个部分，“先贤”的地位略高，共79人（东庑40人，西庑39人），除孔门弟子70人外，还有孟子门人4人，以及宋代理学大师周敦颐、程颢、程颐、邵雍和张载。“先儒”是指在历史上对儒学有杰出贡献的学者，共77人（东庑39人，西庑38人），包括杨时、罗从彦、李侗等等。

饮誉四方，名垂后世

罗从彦对中华优秀传统文化的贡献是多方面的，特别是为闽学的传承发展立下了汗马功劳。因此，从门人到友人，从各阶官宦到百姓，无不赞扬和嘉勉他。可谓“潜思力行懿德重八闽，奥学清节高风垂九州”。

朱熹称他“杨时倡道东南，士之游其门者甚众，然语甚潜思力行，任重诣极，如罗公仲素，盖一人而已。”又说：“觇气象于未发，浑神化于自然。任重诣极，行力思渊。清介鲜知乎，厥里严毅，独畏乎前贤，真儒正脉，先生嫡传。”

陈默堂称他“清标奕奕，严毅煌煌，濯于江汉，暴于秋阳，壁岩高况，箪瓢余芳，辟邪崇正，山高水长。”

李侗称他“统兼濂洛，脉衍弘农，肩圣辟佛，佑启颛蒙，循循敷诲，介介持躬，春风化雨，展矣儒宗。”

延平郡守刘允济称他“道术精粹，议论正平，虽然山泽之寒儒，蔚若台阁之素宦。义由中激，言不诡随。生同葵藿之所倾，殁及草木而俱腐，情诚可闵，忠永难磨。”

明代福建提学副使熊汲称他“人品学术，光明正大；潜心默识，身体力行；不动而敬，不言而信。”

淳祐八年（1249年）五月，南剑州通判丁镕为他写了一篇《燎黄祝文》：“生有爵，死有谥，士蕴德，乃特赐。维先生，学杨氏，推诣极，一人已。授延年，暨朱子，集大成，公启秘。丘园湮，恩未贲。昔刘侯，曾表异，录遵尧，请于帝。岁三十，俞音闷，会平舟，适将指，夙景慕，申前议，下太常，考行事，曰‘文质’。公有是，谥告颁，劝善士，镕摄符，率官吏，告于祠，荐牲醴。兹燎黄，祭扫地。刻坚珉，上赐侈。公不亡，千万祀。”

明大学士延平府推官徐阶写过一篇《续录赞》：“道南之传，前后五公。惟公之生，实居其中。四公视公，如肘有腕。腕病而脱，手臂衡断。公视四公，如轴负轮。轴折不支，轮仆以因。伟哉惟公，缵杨铸李，程得成终，朱得成始。身任继开，道兼授受。四公之功，皆公之有。翼翼公祠，嘉荐令芳。以报以崇，百世勿忘。”

沙县罗从彦纪念馆
管理委员会
沙县罗从彦文化
研究会
联系人电话

第七章

奥学清节

罗从彦为理学名家，先哲大儒，其名号（堂号）对豫章书院的创立和发展都有巨大的贡献。康熙年间，应江西巡抚白潢之请，康熙皇帝题赠南昌豫章书院，上书“章水文渊”四个大字。该书院主祀罗从彦，两厢从祀“江西十二先生”。

豫章书院

书院是唐宋至明清出现的一种独立的教育机构，是私人或官府所设的聚徒讲授、研究学问的场所。开始只是由富室、学者自行筹款，于山林僻静之处建学舍，或置学田收租，以充经费。后由朝廷赐敕额、书籍，并委派教官，调拨田亩和经费等，逐步变为半民半官性质的地方教育组织。

绍兴元年（1131年）之后，豫章罗氏后人或官府为纪念宋代罗氏先哲罗从彦弘扬儒道而建了许多书院，几乎都称为“豫章书院”。所以说，豫章书院之名源自豫章先生，非特指南昌古称“豫章”之义。众多豫章书院的新建、重建、改名，或因罗从彦曾为其“山长”，或为了纪念罗从彦而用其名号。初期的豫章书院大多是半祠半学，既从事学术研究和讲学，又承担着祭祀和“学田”（以田养学）的功能，当然也是刻书、藏书、修书的文化场所。早期豫章书院的生员以罗氏男童为主，后面逐渐发展成为学术传播、人才培养的地方官学机构，甚至发展成为一个地方的文化品牌，形成极具罗氏特色的“书院文化”。

据不完全统计，历史上全国书院冠以“豫章书院”之名的有20多个。每个豫章书院都有各自的历史和文化背景。

福建至少有3座豫章书院，其中沙县2座，宁化1座，三者都与罗从彦有关。一座在沙县西门外，本是罗氏先祖罗矩手植大农柏并读书处，后因罗从彦成为道学大儒，声名显赫，徽州呈坎人罗愿任南剑州太守时更名为“豫章书院”，该书院于明朝天顺庚辰（1460年）重建。第二处在沙县治西和仁坊洞天岩西麓，罗从彦五世孙罗天泽所建。林瀚曾著《豫章罗文质公书院记》云：“吾道一脉，自鲁而邹，而濂、而洛、而闽。闽自龟山立雪程门后，载道而归，传豫章、延平以及考亭朱夫子。洙泗渊源，一派脉络贯通，绳绳不绝至于今，学者宗之，信有自矣。郡中旧有延平书院，将乐有龟山书院，师生春秋释菜如仪，今郡守姜公，以名进士历秋官司正郎，擢任是邦……独豫章书院，初建于沙阳洞天岩西麓，即先生茔下，毁于元末。国初邑令尹锡山、倪俊率僚属重建。置田租米年十二石有奇，每岁寒食，校官率诸生具牲帛往祀焉……谨按先生上世，自豫章迁沙阳，得洞天岩畔胜地家焉……”这篇《书院记》简洁明了地说明了沙县豫章书院的兴废过程，初建于沙县城西洞天岩西麓，毁于元末，后由延平郡守姜公倡议，沙县地方官尹锡山、倪俊率僚属于明正德初年重建，每年清明节，组织地方生员前往祭祀。文中还记述了郡守姜公为补全延平郡内杨龟山、罗豫章、李延平三儒的“释菜”礼典，利用南平县址迁学宫之机，募筹白金300方，拓展书斋空间，于正德十三年（1518年）创立豫章书院，新豫章书院规制为“前立牌坊，次仪门三楹，正堂三间，立像其中，寝室五楹，后之两旁为号舍若干间”。可见，元以前在沙县至少有两座豫章书院，西门外的豫章书院早于罗从彦出生日，在罗从彦问世前便已创建，不是为纪念罗从彦而建的，罗从彦定居洞天岩期间，曾经在此地设点讲学，广授弟子。

宁化豫章书院始建于后唐同光年间，原址在宁化城内翠华山南冬茅窠，明永乐壬辰（1412年）重建于宁化县翠江镇小河边，初为罗氏家庙，是宁化罗氏后裔祭祀豫章始祖罗珠及忠孝两房先祖罗企生、罗遵生和宁化建县始祖罗令纪之庙堂，名为“敦睦堂”。乾隆三十年（1765年），宁化邑人罗登标致仕返乡，继承罗从彦之遗志，在此广收弟子，开馆讲学，正式谓之豫章书院。宁化豫章书院是西部客家地区祠庙、书院合一建筑的典型代表，2005年5月被列为福建省省级重点文物保护单位，2006年12月入选“八闽名祠”，2007年1月被列为“福建省涉台文物点”。

江西豫章书院原址位于江西南昌府进贤门内，清代时为江西省城书院。据《谢志旧案》记载：“从彦公回祖籍南昌居于罗家。”《南昌县志》记北宋罗从彦为柏林北固庵题“北固禅寺”匾，《豫章罗氏柏林谱》第四册“宫室”记载，罗从彦与罗清同建邀月楼和庆源堂，并于豫章书院讲学。

古豫章书院是江西南昌豫章书院的前身，创于南唐升元二

宁化豫章书院

年（938年），距今1000余年，南宋时为理学家们传播朱程之学的基地。明朝初年书院处于沉寂状态，至明嘉靖年间才又得以发展。万历三年（1575年），首辅张居正禁书院，豫章书院像全国其他书院一样停办，被迫卖田充边需。万历七年（1579年），江西巡抚凌云翼、潘季训先后重修，改祀宋、元、明诸儒，称“豫章二十四先生祠”，即罗从彦、陆九韶、陆九龄、陆九渊、李燔、黄灏、张洽、吴澄、吴与弼、罗伦、胡居仁、张元祯、欧阳德、邹守益、罗洪先、魏良弼、舒芬、罗钦顺、胡直、罗汝芳、王时槐、邓以赞、李材、邓元锡，他们都是江西省内的理学名家，蜚声海内，象山先生陆九渊更是一代儒学巨擘。

康熙二十八年（1689年），江西豫章书院改名为理学名贤祠、祠右书院。康熙三十一年（1692年），巡抚马如龙重建，聘南昌进士熊飞渭为山长，选江西各府、州、县、厅学之生员俊秀者入学。康熙五十六年（1717年），官方再次重建，而且布局有所不同，右为讲堂，左为祠堂，面向全省选拔数百名学子读书其中。康熙五十七年（1718年），疏请皇帝御书，五十八年（1719年）七月，康熙帝御书“章水文渊” 四个大字，颁赐豫章书院，使书院进入了历史上最好的发展时期。雍正二年（1724年），巡抚裴倅度重修，雍正皇帝赐金1000两，购院田276亩。乾隆皇帝赐院训，陈宏谋任江西巡抚时曾担任豫章书院山长，著《五种遗规》，后世清末乃至民国均作为修身科教材。道光及同治时期，豫章书院在规模与藏书量方面得到了继续扩展。光绪初，一度改为举人书院，名曰“孝廉堂”，堂称“孝廉书院”，并立有《孝廉书院碑记》。由于清朝康熙、雍正、乾隆三位皇帝的重视，豫

江西豫章书院

章书院成为闻名遐迩的大型书院之一。现今的江西豫章书院因南昌豫章书院最先奉祀罗从彦，学界又普遍以罗从彦讲学之所为南昌书院的肇始之基，罗从彦世称“豫章先生”，又是豫章罗氏后裔，故复建于南昌市罗家镇濡溪村。

广东豫章书院是由广东省各县罗姓乡民筹资白银3万余两，于光绪十四年（1888年）自置广州长堤86号石公祠左边之地，得珠茶楼、长堤84号名利客栈，面积约2000平方米，作为豫章书院及铺业建造之地。光绪十六年（1890年）动工建筑，历时4年，于光绪十九年（1893年）落成。清朝大学士李鸿章亲笔题匾“豫章书院”，悬挂于书院之中。

黔东豫章书院是贵州豫章书院的前身。黔东豫章书院在清道光时贵州巡抚罗绕典的大力推动下，成为与江西豫章书院、广东豫章书院、福建豫章书院齐名的四大豫章书院之一。黔东豫章书院位于贵阳市乌当区羊昌镇羊昌村，占地30余亩，三面环山，绿水护绕，交通便捷，视野开阔，是一个适合文化传播的好地方。贵州豫章书院是由江西豫章书院创办人罗天发四十世孙罗国淮于公元2004年重建。重建后的贵州豫章书院不仅重现了当年豫章书院的原貌，而且成为贵州省的爱国主义教育基地，并成为贵州省的黔学研究中心，产生了很好的社会反响。

豫章祠堂

祠堂是祭祀先祖或先贤的场所，是宗亲聚会、议事、联谊、倡学、教化的地点。宗祠是家族的圣殿，它象征着家族的荣耀与传统。祠堂文化是宗亲文化的重要组成部分，是中华民族独特的传统文化遗存。

罗从彦逝世后，即由其五世孙罗天泽倡议，并得到朝廷批准，在洞天岩罗从彦故居处建有豫章祠。后来，在其祖籍地、居住地、出生地、讲学地各处纷纷设置专祠、特祠、合祠，或独祀、合祀、共祀他。名曰豫章贤祠、罗仲素祠、豫章祠、罗从彦

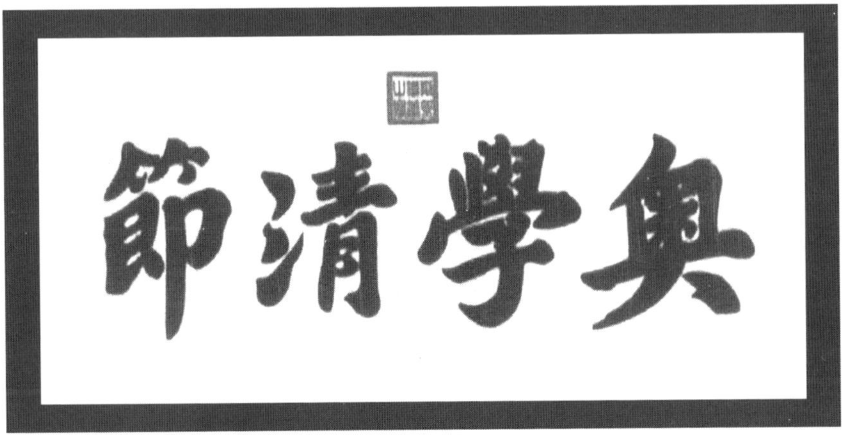

康熙皇帝题字“奥学清节”

特祠、道南祠、四贤祠等。“理学家声远，豫章世泽长”，形成了独特的宗祠文化。

清康熙四十五年（1706年），由福建学政沈涵提请，康熙帝为沙县豫章贤祠题写祠额“奥学清节”。“奥学清节”即学问深奥，清毅节操。此语出自陈渊对罗从彦的赞誉：“自吾交仲素，日闻所不闻。其奥学清节，真南州冠冕也！”

豫章贤祠

明黄仲昭修纂《八闽通志》卷四十五“学校”载：“罗仲素祠，在洞天岩西麓。元至正元年（1341年）建。祀宋儒罗从彦。国朝（明朝）洪武中修。”沙县的这座罗仲素祠是独祀罗从彦祠堂中最早的一座。

豫章贤祠

由于年久失修，罗仲素祠于元末被损毁。明洪武三十年（1397年）六月初三重修，沙县县丞刘文仲偕主簿邓崇闻，在罗从彦六世孙罗惟贤等罗氏后人的协助下捐资重建，戊寅年（1398年）六月初一落成，时任沙县知县倪俊于永乐元年（1403年）三月撰《重建豫章罗先生祠堂记》。正统十三年（1448年）毁于寇，景泰年间又建，未达先前的规模。

现存的豫章贤祠位于沙县城西马坑劝忠坊曲尺头（即今罗从彦纪念馆处，沙县城关西门南路346号），旧属沙县城西劝忠坊，为明嘉靖八年（1529年）延平府推官徐阶倡议迁移此地的。崇祯六年（1633年）罗从彦27代裔孙罗明祖重修，清光绪二十九年（1903年）再次重修，1993年辟为罗从彦纪念馆。该馆坐北朝南，平面呈“凸”字形，布局近似四合院，在中轴线上依次为门屋、厅堂、院子（天井），两侧廊庑。厅堂为面阔三间，抬梁、

豫章贤祠外观

穿斗混合构架，重檐歇山顶。两侧山墙，后檐清水墙。大门前左右两侧主柱镶嵌着一副“潜思力行懿德重八闽，奥学清节高风垂九州”楹联，概括了罗从彦一生的功绩。该馆建筑面积621平方米，占地面积1827平方米。从整体建筑形制和结构来看，这是三明地区现存厅堂建筑中等级较高的一处。2005年5月，豫章贤祠被确认为“福建省第六批重点文物保护单位”。

豫章贤祠目前也称罗从彦纪念馆，这里不仅是人们瞻仰闽学大儒罗从彦的绝佳场所，还是对学生进行历史文化和乡土文化教育的第二课堂，越来越受到当地政府、文化研究者和教育工作者的重视。

罗从彦特祠

罗从彦特祠（罗源祠）坐落于南平市延平区水南街道罗源村南山自然村，始建于明弘治年间，正德元年（1506年）建成，为新淦人罗环到南平任职时所建，后经过嘉靖二十四年（1545年）、嘉靖三十五年（1556年）、万历二十八年（1600年）、万历四十年（1612年）、康熙四十五年（1706年）、康熙五十七年（1718年）和乾隆十三年（1748年）数次重修。

罗从彦特祠主体建筑坐南朝北，呈三进三开结构，包括墙外建筑在内，占地1300平方米，门前左侧原开有一座六角亭，亭中立有石碑（亭已毁，碑尚存）。四边土墙围绕，内设大坪、花圃，中植丹桂。祠后一井，名“香泉”，如今仅遗门楼、御书楼、大殿三部分。

罗源祠

罗从彦特祠建立后，由罗氏嗣裔轮值祭祀，而后每年都由后人祭祖祀拜。1994年9月南平市政府颁发的“罗从彦特祠”匾和南平市重点文物保护单位刻字立碑存放祠堂内。2009年至2011年，罗氏后裔捐资20余万元将罗从彦特祠的屋面修复，祠内木柱桁梁用红漆粉刷，大堂重新塑一尊罗从彦铜坐像，按原样重制了“东南道脉”“奥学清节”横匾悬挂祠堂中央。祠堂大门前重建牌门楼一座，上镌“豫章特祠”字样。门楼造型美观，气势宏伟。历时两年4个月，工程竣工，全祠焕然一新。

两岸罗氏一家亲

台湾和金门计有罗氏后裔15万多人。早在乾隆六十年（1795年），台湾南部几位先贤共同出资在桃园县成立仲素祭祀公业，奉罗从彦为共同缅怀的先祖。台湾罗氏宗亲每年举行祭祀活动，历经数百年，从不间断。

以罗从彦个体以及理学思想为媒介的两岸文化交流发端于2004年。当年，沙县罗氏宗亲代表罗正奎等人参加了在马来西亚召开的第十一届世界赖罗傅宗亲联谊会，结识了台湾罗氏宗亲罗丰裕等代表，并获悉，每年冬至前两日，他们都会举办祭祀仲素公为主的祭祖聚会，原称“仲素公祀”，后简称“冬至会”。据台湾宗亲介绍，数百年来，他们只知先祖是仲素公，直到2004年罗正奎等人将“冬至会”照片拍来，经由沙县罗辉辨认后才知悉仲素公就是罗从彦。

2004年11月，沙县成立了罗从彦文化研究会。成立时，台湾罗氏宗亲代表也来到沙县参加了罗从彦学术研讨，打开了海峡两岸罗从彦宗亲文化和理学交流的大门。2011年，沙县罗从彦纪念馆组织40人的罗从彦文化交流团赴台，在台湾参加了一年一度的仲素公祀祭祖盛典和台湾罗姓族亲会，亲身感受了裔孙对先祖罗从彦及理学精神的传承。自此，两岸罗姓宗亲往来不断，以罗从彦的思想文化为载体，台湾罗氏宗亲（赖罗傅三姓连宗）与沙县罗氏宗亲紧密团结在一起。2012年10月15日，沙县举行罗从彦诞辰940周年公祭活动，台湾罗氏宗亲组织了156人的大型罗从彦文化交流团。台湾赖罗傅宗亲总会理事长罗丰裕在这次大会上深情地说：“我们先祖几百年前由沙县辗转移民到台湾，筚路蓝缕，拓荒创业已有数百年历史，今天我们终于回到了老祖宗的故乡——沙县。”

近年来，两岸宗亲秉承祖志，进一步增强联谊，相互往来常态化，不仅传承了罗从彦的理学思想，还促进了海峡两岸经济和文化等方面的交流与合作。如今，光阴荏苒，罗从彦明“理”之声，跨越海峡，悦耳缭绕。

历代对罗从彦的纪念

宋嘉定六年（1213年），郡守刘永济重修罗从彦墓，结庐立石，给官田11亩。

宋淳祐七年（1247年）五月廿四日，奉圣旨，依议，诏赐公谥“文质”。

元至正元年（1341年），奉旨在沙县城西鼎建罗仲素祠。元末其祠毁于兵火。

元至正元年（1341年），宋儒罗从彦五世族孙天泽在沙县洞天岩西麓创建豫章书院，以奉祀事。明洪武年间重建。正统间寇毁。景泰间重建，有司以春秋祀之。

明成化元年（1465年），敕建延平城北道南祠，祭祀杨时，从祀罗从彦、李侗，后改为“四贤祠”，合祀朱熹。

明弘治十年（1497年），奉旨在延平罗源里南山修建了罗豫章祠。

明嘉靖六年（1527年），学宪仁和、邵锐为罗从彦墓构亭堂。

明嘉靖八年（1529年），延平府推官徐阶将罗仲素祠迁往沙县城西劝忠坊，重建豫章特祠。

明嘉靖二十七年（1548年），知府范来贤在南平修葺了豫章先生祠。

明万历元年（1573年），延平郡守、县丞督修罗从彦墓，并重刻墓志铭。

明万历二十八年（1600年），沙县知县陆志孝修葺了沙县豫章特祠。

明万历三十三年（1605年），福建巡抚徐学聚、巡按方良彦、福建督学熊尚文三人，题请从祀孔庙。

明万历四十一年（1613年）十二月三十日，从翰林学士孙慎行覆疏，准祀孔庙。

明万历四十二年（1614年）六月，奉旨从祀孔庙，为罗姓理学大儒第一人。

明崇祯六年（1633年），罗从彦27代裔孙罗明祖重修沙县豫章特祠。

清康熙四十五年（1706年），康熙皇帝御赐豫章祠堂“奥学清节”匾额。

清康熙五十八年（1719年），康熙皇帝题赠江西南昌豫章书院“章水文渊”匾额。

清乾隆年间，罗从彦《豫章文集》17卷（其中《遵尧录》8卷）收入纪昀主编的《四库全书》，成为中华文化的经典作品。

潜思力行，任重诣极

多年来，福建积极开展罗从彦的思想文化研究、普及活动，取得良好反响。

1984年，南平市政府拨款整修罗从彦墓，列为保护单位。

1993年，沙县人民政府批准修理特祠，特集资修葺。

1996年，由篁路裔孙牵头，由连城、永安嫡孙共同集资重建南平罗源豫章先生祠。1998年，南平市政府将其列为市级文物保护单位。

1996年，由沙县政协牵头成立“沙县纪念罗从彦诞辰925周年活动筹委会”，并广泛与海内外有关学术团体及罗氏宗亲会进行多种形式的交流和联系，得到北京、山西、湖南以及本省福州、厦门、闽北等地专家、学者的积极响应，寄来许多研究罗从彦的论文。

1997年3月，沙县政协文史委主编、出版了《闽学贤人罗从彦》一书，由罗氏族人集资出版了4卷集的《豫章文集》。1997年是罗从彦诞辰925周年，为了纪念这位闽学先贤、弘扬民族传统文化，沙县举行一系列纪念活动。

1997年9月14日，始建于洪武三十年（1397年），重修于崇祯六年（1633年）的豫章贤祠修缮一新，重新对社会开放，并被列为沙县第三批重点文物保护单位。

2004年11月16日，沙县成立“罗从彦文化研究会”，选举产生了理事会，时任沙县政协主席赖忠厚任理事长，沙县文联主席罗辉任常务副会长兼秘书长。

2004年，沙县县委宣传部、罗从彦文化研究会召开“罗从彦学术研讨会”，来自中国人民大学、复旦大学、华东师范大学、厦门大学、中国社科院研究单位、院校的26位学者莅临沙县，300多个来自海内外各地的罗氏子孙参加了研讨会，共聚一堂，敬仰先祖。

2005年5月，豫章贤祠（罗从彦纪念馆）被确认为福建省第六批文物保护单位。

2007年5月，罗辉主编《罗从彦研究文集》，由海风出版社出版发行。

2007年12月8日，沙县县委统战部在沙县召开“沙县纪念罗从彦诞辰935周年座谈会”，台湾赖罗傅宗亲联谊会派出常务理事赖淑娟、第一届秘书长罗柏青、金门罗氏宗亲会理事长罗爱国等19位宗亲到会。福建省文史研究馆馆长卢美松、福建省文联副主席罗训涌、福建省文化厅闽台文化交流中心主任陈靖华等几十位代表与会。

2007年12月9日，台湾19位赖罗傅宗亲到“豫章贤祠”，拜谒罗从彦，举行隆重的祭祀仪式，大陆罗氏宗亲陪祭。

2011年，沙县罗从彦纪念馆组织40人的罗从彦文化交流团赴台，参加一年一度的仲素公祀祭祖盛典，亲身感受台湾裔孙对先祖罗从彦及理学精神的传承的热情。

2012年3月7日，罗氏宗亲在南平罗源村举办了“纪念罗从彦诞辰940周年暨罗从彦特祠重修落成典礼”。

2012年10月15日，在沙县罗从彦纪念馆举行“罗从彦诞辰940周年公祭”活动，来自台湾、金门的156位嘉宾与罗氏宗亲代表600多人参加。

2012年10月15日，在沙县影剧院召开“罗从彦诞辰940周年纪念大会”，台湾赖罗傅宗亲会理事长罗丰裕，台湾孔子协会理事长、孔子学院院长孔维勤等嘉宾参加了纪念大会。大会举行了赠书仪式，沙县罗从彦文化研究会向台湾嘉宾赠送了《罗从彦研究文集》。

2014年12月8日，原中国人民解放军总参谋长罗瑞卿大将长子、核物理专家、少将罗箭先生，前往沙县罗从彦纪念馆参观。

2015年10月，沙县凤岗中心小学编写的《走近罗从彦》出版，作为校本教材投入使用。

后 记

福建，山海相拥，人杰地灵，人文荟萃，英才辈出，产生了许多伟大的思想家、文学家、教育家、科学家和民族英雄、爱国先驱、革命将士、时代楷模。他们的教育成长、道德品行和思想文章，是福建的宝贵精神财富，教育和激励着一代代福建人努力学习、奋勇前行。福建省社会科学界联合会组织编写的“福建历史文化名人丛书”，以福建历史名人为题材，古今结合，意在从高处着眼、从基础着手，普及人文社会科学知识，促进人文道德养成，使社会科学知识走进大众、走进生活、走进现实，让更多的人了解福建历史名人，弘扬优秀传统文化，增强福建文化影响力和感染力，为建设文化强省添砖加瓦。

“福建历史文化名人丛书”（第三辑）所包含的董奉、薛令之、游酢、罗从彦、李侗、袁枢、蔡元定、刘克庄、俞大猷、洪承畴10个人物故事，记录了福建文化之于中国历史的影响，同时也以人物史的叙述方式生动地展现出中国人文精神的风骨和传统文化的传承。人物篇以人物生平为线索，在故事中体现传主的学问、事功、道德，凸显他们在中华文明进程中的重要作用，深入挖掘和阐发其内在精神，从而激起读者爱国爱乡的强烈情感，使之成为涵养社会主义核心价值观的重要源泉。

这套丛书以广大群众为读者对象，尤其是各年龄段的学生群体以及受过中等教育的读者，他们对这些历史名人的认知，大多来源于历史课本、乡土教材、文化景点和博物馆，很难形成具体、深入、系统的认识。丛书深入浅出，雅俗共赏，通过一个个生动精彩的故事带领读者走进福建历史，走入人文社会科学的知识殿堂，融故事性、知识性、趣味性、可读性于一体，对提升大众的阅读水平、普及社会科学知识、提高人文社会科学文化素养和思想道德素质有着积极的作用。

福建省社科联党组书记、副主席林蔚芬对编撰出版工作提出明确要求，给予大力支持。省社科联党组成员、副主席缪建萍亲自指导本书的策划和编写工作。省社科联从事社科普及工作的李道兴、杨文飞、林彤、李培錩等具体组织实施本丛书的编撰出版工作。

专家刘小新老师对丛书写作大纲和书稿进行了认真审读，并提出了许多很好的意见和建议，在此表示感谢！

由于编撰出版时间紧，经验和水平有限，疏漏在所难免，敬请广大读者批评指正。

编委会

2017年8月